Alles
für die Katz

Umschlag: Jutta Schneider
Titelbild: Günter H. Magnus

Satz: Maasburg GmbH, München
Druck: Carl Überreuter, Wien

ISBN 3-8231-0725-9

Alles für die Katz

von Günter Stein
Illustriert
von Günter H. Magnus

TOMUS VERLAG MÜNCHEN

Inhalt

Zufallsbekanntschaft

So ungefähr fünf Milliarden Menschen sollen derzeit auf dieser Welt leben. Das ist eine gewaltige Zahl, und jeder wird sie gern bestätigen, der einmal zur Urlaubszeit auf der Autobahn München-Salzburg gestanden hat. Bei diesen fünf Milliarden Menschen soll es sich angeblich um fünf Milliarden Individuen handeln – jedes einzigartig, unverwechselbar und ausgestattet mit einer ganz persönlichen Note, einem auf die Nerven zu gehen.

Das ist natürlich maßlos übertrieben. Denn in Wahrheit zerfällt die gesamte Menschheit in jeweils zwei Hälften: z. B. in die Schlimmen und in die weniger Schlimmen (auch „Gute“

genannt), oder in männliche und weibliche Wesen, in CDU- und SPD-Wähler, in gute und schlechte Schüler, in Goethe-und Schiller-Anhänger. Und außerdem zerfällt sie in Hunde- und Katzenfreunde.

Diese letzte Unterteilung ist wahrscheinlich eine der gravierendsten überhaupt, denn sie zeigt den Menschen in seiner jeweils äußersten Ausprägung und macht uns mit einem Abgrund bekannt, wie er in der Natur nur noch einmal zwischen Mercedes- und BMW-Fahrern vorkommt, wobei der Mercedes-Fahrer der Hundefreund ist.

Tierfreund oder Menschenfreund

Das hat jetzt nichts damit zu tun, daß beide – jedenfalls ihre Schnittmenge – zu den Tierfreunden gehören. Tierfreund nämlich kann man sein, ohne daß man sich besonders für Hund oder Katze entscheidet.

Ganz im Gegenteil: Der wahre Tierfreund macht gerade da keine Unterschiede. Ihm ist jedes Tier recht, über alle Geschöpfe gießt er den randvollen Eimer seiner Gefühle und spart dabei klug den Menschen aus. Für diesen wiederum – erneuter Beweis für die grundsätzliche Zweiteilung – ist der Menschenfreund zuständig.

Der Menschenfreund, eine ebenso wichtige wie unbegreifliche Spezies, liebt den Menschen ohne Unterschiede und sieht auch im Bösen nur einen Verirrten, dem man helfen muß, wieder auf den rechten Weg zurückzufinden. Der Mensch, so behauptet der Menschenfreund, ist im Grunde gut. Und das, obwohl die meisten Menschenfreunde die Tageszeitung lesen.

Menschenfreunde und Tierfreunde geraten nicht selten aneinander. Dann nämlich, wenn der Menschenfreund dem Tierfreund vorwirft, er vergeude sein von Gott verliehenes Potential an Liebe, indem er es dem Menschen, der ja laut Bibel ein Ebenbild eben dieses Gottes sein soll, entzieht.

Der Tierfreund wiederum hält gerade diese Bibelstelle für einen ausgemachten Druckfehler und sieht im Tier das höhere, weil bessere Wesen, das im Grunde zu keiner bösen Tat fähig sei.

Und wenn es schon mal dem Menschen aus Versehen etwas Böses antue, so handele es doch nur nach seiner Natur. Der Mensch hingegen, der dem Tier Böses antue, handele entsprechend seiner Unnatur.

Entwicklung zum Katzenfreund

Kehren wir aber jetzt wieder zu unserem eigentlichen Thema zurück. Und da wäre zu bemerken, daß Hundefreunde weitaus eher Hundefreunde sind als Tierfreunde, Katzenfreunde aber vor allem Tierfreunde und dann erst Katzenfreunde. Das liegt daran, daß man als Hundefreund geboren wird und dies auch bis zu seinem Lebensende bleibt, während man sich zum Katzenfreund erst entwickeln muß bzw. rein zufällig in diesen Stand versetzt wird.

Der Hundefreund nämlich braucht zum Abreagieren seiner Liebe zu Hunden unbedingt den Hund. Er braucht seine Nähe, sein munteres Bellen, sein Bedürfnis, Gassi zu gehen, sein Verlangen nach einem geworfenen Stock sowie den kräftigen Biß in die Wade des Mitmenschen, um eben diesem sagen zu können, er sei selbst dran schuld. Dies alles sind Beschäftigungen und Ereignisse, auf die das Naturell des typischen Hundefreundes angewiesen ist und denen man nicht nachgehen kann bzw. die einem nicht passieren, wenn man keinen Hund hat. Also braucht der Hundefreund den Hund wie der Motorradfreund das Motorrad.

Ganz anders der Katzenfreund. Er beginnt als normaler Tierfreund, der im Winter die Vögel füttert, spätgeborene Igel in Kisten überwintern läßt, einen Regenwurm vom Straßenpflaster aufklaubt und in den Garten tut und dem das Herz blutet, wenn er sieht, wie kleine, putzige Hasen geschossen oder unschuldige und hilflose Köderfische lebend auf den Angelhaken gespießt werden.

Im Zuge dieser praktizierenden oder zumindest anteilnehmenden Tierliebe findet er eines Tages ein kleines, halbverhungertes Kätzchen auf seiner Gartenterrasse, und sofort stellt er ihm Milch sowie den besseren Teil seines Mittagessens zur Verfügung.

Während aber nun gefütterte Vögel wieder wegfliegen, überwinterte Igel im Frühjahr wieder das Weite suchen und gerettete Regenwürmer umgehend im Gartenboden untertauchen, bleibt das Kätzchen eines Tages da. Handelt es sich bei dem Kätzchen um eine Katze, so geht sie zwar wieder, taucht aber in immer kürzeren Intervallen auf, um schließlich als neuer Hausgenosse ganz zu bleiben. So wird der Tier- zum Katzenfreund.

Er wird dies um so leichter, als die Katze keinerlei Ansprüche stellt. Alles, was sie von uns möchte, ist, ihr Futter zu bekommen (wobei sie allerdings mit der Zeit immer höhere Ansprüche stellt), einen Schlafplatz zu haben, auf dem man sie nicht stören sollte (hat sie sich dabei den Fernsehsessel ausgesucht, gut, dann muß man sich eben auf einen Stuhl setzen, aber das hat ja auch seine Vorteile), nachts problemlos hinauszukönnen und ab und zu auch wieder herein (aber dazu wird man höchstens drei- bis viermal aus tiefstem Schlaf gerissen), und sie möchte ab und zu ein wenig Zärtlichkeit, besonders morgens um fünf, wenn sie von ihrer nächtlichen Exkursion zurückkehrt.

Das ist alles, was die Katze will, und wenn man sich auch nur ein wenig darauf einstellt, dann ergeben sich hier keinerlei Probleme. Es ist also überhaupt nicht schwierig, Katzenfreund zu werden und es auch zu bleiben.

Dies wiederum führt dazu, daß aus einer Katze mit der Zeit mehrere werden. Doch darüber später mehr.

Hund und Katz

Auf den vorangegangenen Seiten wurde etwas unternommen, was sich angeblich nicht gehört: Es wurden Katzen gegen Hunde und Hundefreunde gegen Katzenfreunde ausgespielt und umgekehrt. Dies gilt deshalb als Unart, weil beide, Hunde wie Katzen, zusammen mit der Stubenfliege zu den ältesten Begleitern des Menschen gehören und ein Recht darauf haben, so akzeptiert zu werden, wie sie nun mal sind.

Es ist also völlig unsinnig, die Vorteile des einen an den Nachteilen des anderen zu messen, und wir wollen das auch künftig nicht mehr tun. Dennoch bleibt unbestritten, daß es zumeist Hunde sind und viel seltener Katzen, die eine halbe Nacht lang bellen und einen am Einschlafen hindern. Es sind ebenfalls Hunde, die dem Briefträger ans Bein wollen, und einschlägige Beschwerden der Postboten über Katzen sind so gut wie unbekannt. Des weiteren darf erwähnt werden, daß Katzen in der privaten Haftpflichtversicherung enthalten sind, während man für Hunde eine spezielle Versicherung abschließen muß. Versicherungen lassen sich niemals einen besonderen Abschluß entgehen, wenn sich auch nur der Ansatz einer Berechtigung findet.

Nur keine Volksverhetzung!

Und wenn man beim Spaziergang, die Augen versonnen in den Anblick eines hinreißenden Stadtpanoramas vertieft, in etwas Weiches tritt, so handelt es sich weitaus häufiger um das Verdauungsresultat eines Hundes als um das einer Katze.

Wie gesagt, wir wollen keinen gegen den anderen ausspielen, aber man muß die Dinge beim Namen nennen können, ohne sich sofort den Vorwurf blindwütiger Volksverhetzung zuzuziehen. Auch Hunde und Katzen selbst

sind sich erwiesenermaßen gegenseitig nicht grün. Zwar schreiben sich Tierforscher, die genau wissen, was der dreifache Piep beim Kragensittich auf den Malediven bedeutet und wie sich die südchinesische Nashornschnecke beim Liebesspiel verhält, immer wieder förmlich die Tinte aus dem Leib, um zu beteuern, daß Hunde und Katzen von Natur aus prima miteinander harmonieren – aber wahrscheinlich sind die Hunde zu sehr mit dem Apportieren von Stöckchen ausgefüllt, um diese Bücher zu lesen. Jedenfalls haben hier die Katzen ihre Zweifel und suchen sich sofort einen höheren Standpunkt, wann immer sie eines Hundes ansichtig werden.

Diese Flucht wiederum deuten die Hundefreunde als den eigentlichen Grund dafür, daß Hunde hinter Katzen herjagen. An sich, so behaupten sie, würde der Hund der Katze höchstens einen lässigen Gruß entbieten, doch das penetrante Davonlaufen der Katzen wekke im Hund den Jagd- und Beutetrieb, und schon sehe er sich geradezu herausgefordert nachzusetzen.

Manche Hundebesitzer gehen da sogar so weit, daß sie sagen, der Hund laufe der flie-

henden Katze nur nach, um ihr klarzumachen, daß sie gar keinen Grund habe davonzulaufen, denn sie beide hätten von Natur aus gar nichts gegeneinander. Da die meisten Hunde aber die Katzen nicht erwischen, denn diese finden immer noch schnell ein Loch im Zaun, kann sie der Hund über diese Tatsache nicht aufklären. Die Katze bleibt also nach wie vor in ihrem Irrtum gegenüber ihrem Verhältnis zum Hund befangen und weiß mithin nicht, daß sie eigentlich gar nicht vor dem vermeintlichen Feind wegzulaufen brauchte.

Diejenigen Katzen indes, die auf das gute Verhältnis vertrauen und nicht wegrennen, geraten wiederum zumeist an Hunde, die die Bücher nicht gelesen haben, und reihen sich hinterher – falls sie den Zusammenstoß überleben – in die Reihe der Hundegegner ein.

Tragisches Mißverständnis

So beruht also diese ganze angebliche Todfeindschaft auf nichts anderem als einem tragischen Mißverständnis, aber eben dadurch wird jene Lawine ausgelöst, die aus Irrtümern und vorschnellen Urteilen besteht und den Graben, der zwischen Hunde- und Katzenfreunden liegt, nur noch tiefer aufreißt. Dabei muß gesagt werden, daß es der Hund dem Hundefreund ziemlich einfach macht, Hundefreund zu sein. Denn er bietet vor allem zwei Eigenschaften an, auf die der Mensch, besonders aber der deutsche Mensch, ganz besonders anspricht: Seele und Humor.

Dieser Seele verdankt es der Hund, daß er ein ausführliches Talent zum Rührenden hat. Rührend ist seine Treue dem Herrchen gegenüber, rührend seine Freude, wenn er dieses Herrchen begrüßt und schweifwedelnd an ihm emporspringt, und rührend ist auch ganz einfach die Tatsache, daß er den Herrchen genannten Hundefreund braucht und ihn so ganz offensichtlich zum Hauptinhalt seines Lebens erklärt.

Und ein vor dem Metzgerladen unter dem kaltherzigen Schild „Wir dürfen hier nicht rein" angebundener und treuherzig wartender Spaniel treibt sogar dem das Wasser in die Augen, der sonst beim Anblick eines Hundes automatisch die Straßenseite wechselt.

Ruhestörer morgens um 6

Falls Katzen etwas Rührendes haben, so ist dies nicht sofort erkennbar, und meist muß man erst einmal Katzenfreund sein, um es überhaupt zu bemerken. Gewiß mag es rührend sein, wenn einen die Katze morgens um sechs mit dem Kopf aufmunternd ins Gesicht stupst, um einem zu sagen, daß sie wieder zu Hause sei, „Guten Morgen" entbieten möchte und sich im übrigen gestatte, darauf hinzuweisen, daß ein Napf mit Stückchen jetzt angebracht sei.

Dennoch hat es aber hier die Rührung sehr schwer, sich gegen das aufwallende Bedürfnis durchzusetzen, den Ruhestörer aus dem Bett zu weisen und ihm einen Hausschuh hinterherzuwerfen.

Ziemlich egoistisch

Das liegt natürlich daran, daß der Hund ein Rudeltier und auf Geselligkeit angewiesen ist. Er braucht den Hundefreund als ständige Kontaktperson, und umgekehrt sind Hundefreunde Menschen, die ohne diese ständige Ansprache nicht glücklich leben können.

Katzen dagegen sind als Einzelgänger weniger bedürftig nach Streicheleinheiten, bestehen aber darauf, wenn sich bei ihnen dieser Wunsch meldet, und zwar ebenso hartnäkkig, wie sie auch jede gutgemeinte Zudringlichkeit ablehnen können, wenn ihnen der Kopf nicht danach steht.

So gesehen sind also Katzen ziemlich egoistisch, beziehungsweise sie sind das, was man aus der menschlichen Perspektive unter egoistisch versteht. Da es aber leichter und angeblich auch edler ist, ein treues und rührendes Tier zu lieben als ein egoistisches, sind die Hundeliebhaber höher angesehen als die Katzenfreunde. Jedenfalls ist Katzenfreundschaft erklärungsbedürftiger, und es ist auch wesentlich ungefährlicher zuzugeben, man könne Katzen nicht ausstehen, als es ratsam ist, sich als Nicht-Hundefreund zu bekennen. Katzen nicht zu mögen ist Geschmackssache, Hunde abzulehnen aber bedeutet einen schwerwiegenden Charakterfehler.

Neben ihrer Begabung, rührend zu sein, kommt bei Hunden auch ein Hang zur Komik, wenngleich natürlich zur unfreiwilligen, die allerdings besonders komisch wirkt, hinzu. Diese Eigenschaft vor allem macht den Hund zu einem typisch deutschen Tier. Denn Humor, Komik, Spaß, Witz und wie die Schattierungen des Lachens alle heißen, finden ja im Deutschen einen vorwiegend unglücklichen Liebhaber.

Wir Deutsche wissen oder ahnen zumindest, daß wir keinen wirklichen Humor haben, und sind uns dieses Mangels schmerzvoll bewußt. So suchen wir den Humor immerzu und lachen lieber einmal zuviel als zu wenig. Und so haben wir uns auch dazu entschlossen, einen Dackel mit Jägerhut und

Pfeife ulkig zu finden und dem Hund Sinn für Humor und Komik zu unterstellen.

Katzen würden sich zu dergleichen weder eignen noch herablassen, sondern tragen höchstens mal einen kleinen Hut mit Schleier. Aber auch darin wirken sie weniger komisch als vornehm. Trotzdem lehnen sie im allgemeinen selbst diese kleine Kostümierungsmöglichkeit ab. Die meisten jedenfalls tragen Hut und Schleier ebenso selten wie ungern und noch nicht einmal sonntags.

Falsche Freunde

Was die Katze für ihre Freunde so anziehend macht, das läßt sie ihren Feinden als verdächtig erscheinen. Ihr erfreulich leises Auftreten gilt als schleichend, ihre Reserviertheit wird als Gefühlskälte angeprangert, ihre stundenlange Schläfrigkeit wird als Indolenz angesehen, und die Tatsache, daß sie eben noch schnurrend schmust, um im nächsten Augenblick dem Objekt ihrer Zuneigung die ausgefahrenen Krallen zu zeigen (was übrigens sehr viel seltener vorkommt, als dies angenommen wird), gilt als Inbegriff der Falschheit.

Wer also sein Herz an Katzen hängt, muß zumindest schon mal merkwürdig sein, und

der Katzenfreund wird ähnlich angesehen wie der Besitzer einer exotischen Wagen-Marke, die zwar als etwas Besonderes gilt, aber doch in dem abträglichen Ruf steht, eine harte Federung sowie Schwierigkeiten mit der Ersatzteilbeschaffung zu haben.

Dies verleiht dem Katzenfreund bei vielen den Status eines Menschen mit der Tendenz zum Außenseitertum. Er ist irgendwie anders als die anderen, aber man weiß nicht recht, ob man dies unter Vorteil oder Nachteil verbuchen soll.

Anflug von Hochnäsigkeit

Allerdings scheint es, daß Katzenfreunde diesen Status genießen und mit einem Anflug von Hochnäsigkeit auf den Rest der Welt herabsehen, besonders auf den, der sich aus Hundefreunden zusammensetzt. Sie empfinden sich so ein bißchen als Aristokratie von eigenen Gnaden, musisch und intellektuell orientiert, und sie haben es auch da und dort geschafft, daß man ihnen eher Sensitivität, Hang zum Individualismus sowie eine etwas distanzierende Art von Nachdenklichkeit zuschreibt als ihren Konkurrenten von der Hundeseite, wo man mehr die kumpelhaft-fröhlichen Charaktere vermutet, die mit leicht polternder Direktheit auf die Welt zugehen und einem auf die Schulter schlagen.

Die leise, sanfte (oder zumindest Sanftheit implizierende) Art der Katzen, ihre Gewohnheit, stundenlang eingeringelt vor sich hin zu schlafen, fördert angeblich das Meditative im Menschen und somit das Geistige, so daß man die Katze als Wappentier eher im Dunstkreis des Künstlerischen sieht, während der Hund vor allem Leuten zugordnet wird, die im Geschäftsleben Karriere machen und zu Hause Werkzeugkästen haben – Weltkindern also, die durchweg positiv ins Leben blicken und der festen Überzeugung sind, die Probleme müßten sich doch lösen lassen, wenn man sie nur tatkräftig angehe, seien es rückläufige Umsatzzahlen oder ein tropfender Wasserhahn.

Das Image aufbessern

Entsprechend dieser beiden so gegensätzlichen Grundcharakteristika sind auch die Leute zu sehen, die mit dem Besitz von Hund oder Katze ihr Image abzurunden bzw. zu akzentuieren versuchen.

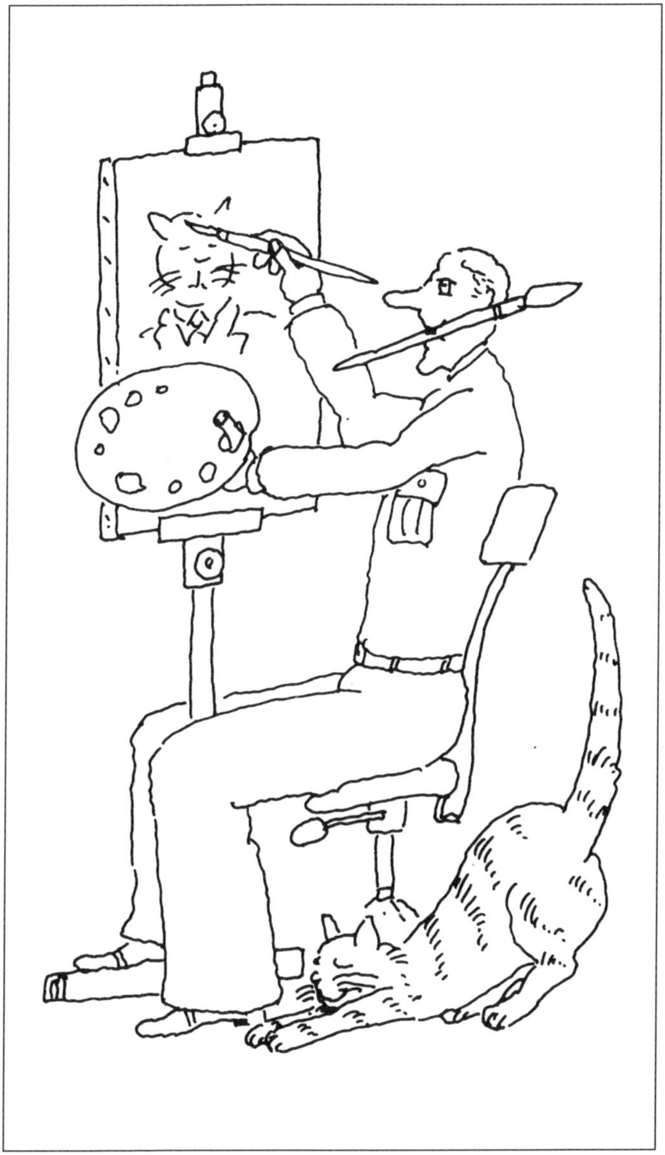

Nicht jeder Hunde- oder Katzenbesitz nämlich ist auf die Liebe zur vierbeinigen Kreatur zurückzuführen, sondern lediglich auf das Bedürfnis, den persönlichen Status nach außen hin sublim aufzuzeigen. Voraussetzungen hierfür sind natürlich eine Villa oder zumindest eine Wohnung der Luxusklasse sowie ein monatliches Einkommen, das jeden SPD-Politiker sofort mit dem Brandruf nach der Ergänzungsabgabe ans Rednerpult hasten läßt.

So stehen also die Inhaber dieser Villa, dieser Wohnung und dieses Einkommens eines Tages nachdenklich vor ihrer aufwendigen Innenarchitektur und ihren Originalgemälden und erkennen, daß hier ein Tier fehlt. Und je nachdem, ob sich der Hausherr als harter Businessman empfindet oder aber als

ein mehr dem Musisch-Ästhetischen verhafteter Geist, entscheidet er sich entweder für ein Paar langhaariger Afghanen oder für eine Angora-Katze. Denn natürlich geht Väterchen Protz nicht ins nächste Tierheim, um eine der bedauernswerten Kreaturen zu erlösen, die vom vergangenen Weihnachtstisch direkt hinter die Gitter des Asyls gewandert sind, sondern er packt sein Scheckbuch in die Brusttasche seines Boss-Jacketts und begibt sich zum empfohlenen Züchter, um ein garantiert wertvolles, halbblindes und exotisch ausschauendes Exemplar der gewünschten Gattung zu erstehen. Logisch, denn natürlich kauft er ja auch kein gebrauchtes Auto.

Anschließend wird der neue Hausgenosse neben die lampentragenden Mohren plaziert, und das zusammengekniffene Auge des Besitzers überzeugt sich, in welcher Weise das Layout der Einrichtung aufgewertet und bereichert wird.

Vorwiegend deutsches Kurzhaar

Nichts gegen edle Hunde, die alle so ähnlich wie Wolf von Amerongen heißen, und auch nichts gegen Siamesen und Perser, die unbestritten der Clou jedes Katzenkalenders sind, – sie können ja nichts dafür, daß sie meist in die Hände falscher Hunde- und Katzenfreunde fallen. Doch wird sich der wahre Katzenfreund ebenso selten damit umgeben, wie der ernsthafte Schachspieler handgeschnitzte Jadefiguren aus der Zeit Hindustans des Tamilen benutzt. Und so, wie für diesen nur die schlichten Figuren des Standard-Schachs in Frage kommen, findet man auch beim echten Katzenfreund vorwiegend deutsches Kurzhaar.

Diese bedauernswerten und denaturierten Pudelhocker, die von allem Katzenhaften ebenso weit entfernt sind wie ein Endvierziger mit Gichtanfällen, werden nun von den wahlverwandten Besuchern unter um Spontaneität bemühten Entzückensrufen vorgeblich liebevoll herumgezerrt und bekommen mit ungeübten Kraulfingern das Perserhaar verfilzt. Der einzige Lichtblick im Leben des etwas hübscheren Pekinesen aus der Katzengattung ist der Aufenthalt im Tierpensionat, in das man ihn steckt, wenn die Familie ihren umfänglichen Jahresurlaub macht, und wo er endlich mal für ein paar Wochen seine Ruhe vor den Plagegeistern hat, die er, wie alle Katzen, so dringend benötigt.

Falsch sind also weniger die Katzen als diverse Katzenfreunde. Von ihnen wollen wir uns deshalb nachdrücklich distanzieren, und sie sind auch mit diesem Buch nicht gemeint.

Schönheit unter Verdacht

Bekanntlich entstand die Katze, weil der Weltenschöpfer gerade die Zecke geschaffen hatte und nun daran ging, für diese ein Beutetier zu erfinden, das aber ganz anders aussehen sollte, nämlich „ausgesprochen schön".

Dies ist ihm auch gelungen, denn tatsächlich wird den Katzen auch von ihren Gegnern eine Schönheit zuerkannt, die sich aus der Vollkommenheit ergibt.

Von vorn, von der Seite, in der Bewegung sowie in der nur ihnen eigenen etepetetehaften Sitzhaltung, die Schwanzspitze säuberlich um die Vorderpfoten gelegt, bieten Katzen immer wieder einen Anblick, bei dem man sich fragt, wie es denn die Aminosäuren und Eiweißmoleküle geschafft haben, sich zu einer solch ästhetisch vollendeten Ordnung zusammenzufinden. Es muß geradezu eine höhere Instanz geben, die sie dazu überredet hat, anders läßt es sich nicht erklären.

Die Katzen indes wissen nicht, daß sie eine besonders geglückte Sonderanfertigung des Weltenlenkers sind, und tragen ihre Schönheit in aller Unschuld spazieren.

Und nur diese Ahnungslosigkeit erlaubt es ihnen, sich so natürlich zu bewegen. Noch nicht einmal von ihrem eigenen Spiegelbild sind sie zu beeindrucken.

Man kann sie demonstrativ vor einen Spiegel halten und ihnen zureden wie einem kranken Hund, daß es sich bei „diesem Ding da" um sie selbst handele, aber obwohl sie beim Anblick jeder anderen Katze sofort reagieren – meistens aggressiv –, läßt sie ihr eigener Anblick kalt. Daraus kann man unweigerlich schließen: Katzen wissen nicht, daß sie Katzen sind.

Sie haben überhaupt keinen blassen Dunst von ihrer Identität, und sie sind wahrscheinlich auch nicht auf der Suche danach, obwohl es gerade heute kaum eine beliebtere Freizeitbeschäftigung gibt.

Nicht unbedingt ein Kompliment

Diese Schönheit ist zunächst die hervorstechendste Eigenschaft der Katzen – auch ihrer großen Brüder, denen das schöne Aussehen optisch einiges von ihrer Fürchterlichkeit nehmen kann. Jedenfalls gibt es Leute, die sich lieber von einem Tiger auffressen als von einer Vogelspinne beißen lassen würden, auch wenn letzteres auf Dauer gesehen vorteilhafter ist.

Dennoch ist dieses schönheitsgesättigte Erscheinungsbild der Katzen nicht nur positiv zu sehen und gilt nicht unbedingt immer als Kompliment. Schönheit nämlich steht, jedenfalls heute, bei den meisten nicht sehr hoch im Kurs.

Schöne Männer und Frauen, die sich ihr Brot als Fotomodell sauer verdienen müssen, da man sie einer anderen Tätigkeit nicht für fähig hält, gelten als dumm, oberflächlich und kaltherzig.

In der Kunst gilt alles Schöne sowieso als verdächtig, wenn nicht gar minderwertig, und die „schöne Seele", von der zu Goethes Zeiten noch anerkennend gesprochen wurde, ist inzwischen etwas, das man – wenn man sie denn schon hat – vor der Welt ebenso zu verbergen trachtet wie ein unappetitliches Hautleiden.

Mißtrauen und Widerspruch

Nein, Schönheit ruft sofort Mißtrauen und Widerspruch auf den Plan, und auch die Teilnehmerinnen von Miß-Wettbewerben müssen ja bekanntlich außer einer gutgewachsenen Optik noch jede Menge Bildungswissen und Schlagfertigkeit vorweisen können – wenn sie nicht schon den Vorteil eines Doktorhuts in Physik oder Philosophie mit sich herumtragen –, um die Schmach ihres guten Aussehens ein wenig zu mildern und damit zu beweisen, daß sie selbst von ihrem eigenen Aussehen keinesfalls beeindruckt sind, sondern gerade diese Bürde von 95-56-90 zum Anlaß nehmen, ein wertvollerer und besserer Mensch zu werden.

Häßliche, das ist die klare Schlußfolgerung aus dieser Tatsache, Häßliche dürfen dumm sein wie Bohnenstroh, sie haben auf jeden Fall

unsere Sympathie. Schöne können sich das nicht leisten.

Das Pech, schön zu sein

Wer also als Mensch das Pech hat, schön zu sein, muß dafür eine Menge an Erklärungen und Entschuldigungen anbringen. Katzen indes sind von dieser Verpflichtung frei, denn als Tier ist man an seinem Aussehen erfreulicherweise niemals schuld. Und die kupierten Schwänze und Ohren, das mitunter lachhaft getrimmte Fell sowie die absichtsvoll herangezüchtete Verunstaltung (vorwiegend bei Hunden), das alles geht nicht aufs Konto der geplagten Kreatur, sondern auf das von Menschen, denen man dafür ebenfalls Schwanz und Ohren kupieren sollte, sofern dies im Einzelfall möglich ist.

Wenn man also den Katzen als naturgegebenen Inhabern von Schönheit für diese Tatsache keinen Vorwurf machen kann, dann wenigstens den Konsumenten dieser Schönheit, also den Katzenfreunden. Sind nicht wenigstens dann sie, die sich dem bestechenden Aussehen ihrer Lieblinge so bereitwillig in die Arme werfen, sind nicht wenigstens sie oberflächlich und nur am Äußeren interessiert, machen sie es sich nicht zu leicht, fehlt ihnen vielleicht gar jeder Zug zum Höheren, genauer gesagt: zum Tieferen, also zu dem, was unter der Oberfläche steckt?

In der Tat mag es sein, daß hier die Katzenfreunde gegenüber der Fraktion der Hundeliebhaber charakterlich im Nachteil sind. Wie man sich ja auch nicht in eine Frau verlieben darf, die nur schön ist, ohne daß die Besitzer erhobener Zeigefinger immer wieder mahnend sagen, daß dies auf Dauer nicht gutgehen könnte. Das mag ja sein, aber solange es gutgeht, macht es eine Menge Spaß.

Menschliche Kriterien

Damit soll natürlich nicht gesagt werden, daß Hunde nicht auch schön sein könnten. Wie ja überhaupt beim Tier die Begriffe „schön" und „häßlich" kaum anzuwenden sind, da sich die Entwürfe des Schöpfers den menschlichen Kriterien entziehen, denn hier bestimmt die Funktion die Form, und so sind auch Nilpferd, Waldameise und Blattlaus auf ihre Art schön. Das gilt prinzipiell auch für Katzen, nur haben sie das Glück (Glück?) gehabt, daß sie direkt in das Schönheitsraster des Menschen passen und ihre Funktion nicht als Erklärung anzuführen brauchen. Hunde mögen ja edel sein, ausdrucksvoll, skurril oder auch schon mal potthäßlich – dies alles ist beim Hund kein Argument. Er hat das, was wir Charakter nennen, aber dafür muß er der vollendeten Schönheit, wie sie noch der letzte Kater auf dem Hamburger Fischmarkt bietet, entraten. Wir halten das für gerecht – man muß nicht alles sein oder haben.

Seele und Charakter

Andererseits: Hat man die Schönheit in dieser perfekten Katzenform, dann kann man auch auf vieles andere verzichten. Das finden nicht nur die Katzen, weshalb sie Seele und Charakter, wenn es denn sein muß, leichten Herzens vernachlässigen, das finden auch die Katzenfreunde. Sie vertiefen sich mehrmals täglich in den Anblick ihres weißen, schwarzen, roten, getigerten, gefleckten oder gestromten Hausfreunds, der ihnen aus grünen, gelben oder beigen Augen einen Blick zuwirft, den man jederzeit rätselhaft nennen darf und der blitzschnell Interesse signalisiert, wenn

man ein Wurstbrot auf dem Couchtisch deponiert. Aber sie erwarten auch nicht mehr; was sie sehen, genügt ihnen.

Deshalb sind auch spezielle Veranstaltungen, auf denen Schönheitspreise für Katzen vergeben werden, noch alberner als bei anderen Tieren, sofern dies überhaupt noch möglich sein sollte. Denn die Vollkommenheit kennt zwar eine Menge Varianten, aber keine Abstufungen. So wie einem ja auch bei mehreren schönen Frauen keine besser gefällt als die andere, sondern jede gefällt einem auf andere Weise gut.

Also muß der Mensch (bei den Katzen) „etwas dazutun“. Doch wie immer, wenn sich der Mensch bemüßigt fühlt, an Perfektem noch ein bißchen herumzufingern, wird auch hier das Ergebnis nicht besser, sondern eher lächerlich. Und weil er selbst nicht so recht weiß, wo er ansetzen soll, versucht er „Rassemerkmale“ herauszuzüchten. Was aber dabei herauskommt, ist keine neue Rasse, sondern eine neue Art von Deformation. Und da dem Menschen der möglicherweise angeborene Schönheitssinn in gleichem Maße abhanden kommt, in dem sein Rasse- und Züchterwahn zunimmt, betrachtet er zum Schluß die aus lauter Rassemerkmalen bestehenden Seltsamkeiten als ästhetisches Zielband.

Nein, auch mit solchen Katzenfreunden wollen wir nichts zu tun haben. Wir beharren auf einer Schönheit, wie sie der liebe Gott frei Haus liefert und verzichten dankend auf eine, bei der die Ästhetik des Zuchtvereins zugrunde gelegt wurde.

Wie wichtig nämlich gerade die Mischung von Rassen ist, um Temperament und Schönheit hervorzubringen, das kann jeder selbst beurteilen, wenn er mal wieder am Bildschirm Karneval in Rio sieht.

Aus Freude am Klirren

Tiere, vom Goldfisch bis zum Bernhardiner, werden bekanntlich oft von Leuten gekauft, die sich im Stand des Singles befinden und gern jemanden – oder etwas – zum Ansprechen und Liebhaben um sich hätten.

Dabei ist natürlich der Goldfisch am unattraktivsten, da es mit dem Liebhaben und Streicheln seine Schwierigkeiten hat und auch seine Antworten unbefriedigend bleiben.

Andererseits: Man hat einen Partner, der zwar den Mund bewegt, aber nichts sagt, was mitunter vorteilhaft ist, denn zumindest kommt von ihm kein Widerspruch. Außerdem kann er nicht weglaufen. Er macht sich auch nichts draus, wenn man ihn tagsüber alleine läßt, und man muß ihm auch kein Wasser hinstellen.

Aber sogar des Menschen bester Freund, der Hund, macht hier Probleme. Abgesehen davon, daß er in Bernhardiner- oder Deutsche-Doggen-Größenordnung in jeder Wohnung Platzschwierigkeiten hat und mit dem Schwanz den Kühlschrank in der Küche berühren kann, während er bereits seinen Kopf im Schlafzimmer aufs Kissen bettet, sind auch handlichere Ausgaben nicht zu empfehlen. Denn der Geselligkeitstrieb und das Mitteilungsbedürfnis, die ihn als Partner des Menschen so attraktiv machen, sind natürlich dann im Wege, wenn man ihn während des ganzen Tages allein lassen muß, um den Geschäften nachzugehen.

Zwar ist dann das abendliche Heimkommen für den Besitzer ein überwältigendes Erlebnis, und man wird auch sicher nie wieder so begeistert empfangen, auch wenn man kein Single mehr ist, aber die Zeit davor muß der arme Hund mit Melancholie, Verzweiflung und Frustration bezahlen. Will man denn das?

Auf Suche nach imaginären Mäusen

So kommen viele auf die Katze als Lösung. Katzen, so weiß man, schlafen meist, können sich mit sich selbst beschäftigen und sind angeblich sogar froh, wenn man sie in Ruhe läßt, und außerdem schnurren sie, wenn man sie streichelt, was nicht nur genußvoll für den Streichelnden ist, sondern auch von vorteilhafter Wirkung auf dessen Seele sein soll, wie die Psychologen in den Zeitschriften unter der Rubrik „Welches Tier für mich?" immer wieder betonen.

Tatsächlich bevölkern Katzen viele Single-Appartements. Ob sie zufrieden sind, steht auf einem anderen Blatt. Natürlich schlafen Katzen gern und viel, vor allem tagsüber. Soweit geht die Rechnung auf. Aber sie schlafen nur deshalb, damit sie in der Nacht munter sein können.

Das aber wiederum stört den menschlichen Bewohner, der seinerseits nachts schläft und nicht geweckt werden möchte. Weder durch die Katze selbst noch durch die Geräusche, die sie verursacht, wenn sie in der dunklen Wohnung auf der Suche nach imaginären Mäusen ist.

Wechselt nun aber die Katze dem Menschen zuliebe ihre Gewohnheiten und schläft vorwiegend nachts, dann ist sie tagsüber für Stunden voller Tatendrang. Kann sie nun die Wohnung nicht verlassen, was meistens der Fall ist, so langweilt sie sich und schreitet etwas verärgert, auf der Suche nach Abwechslung, über das Bord mit den Sammeltassen oder den handgeblasenen Muranogläsern, wobei sie mit einer spielerischen Bewegung 150 Mark herunterwirft. Nicht aus Ungeschick natürlich, denn Katzen können durch Gläserschränke wandeln, ohne etwas zu berühren, aber wenn man auf der Suche nach Unterhaltung ist, dann freut man sich über

alles – über das lustige Klirren zerspringenden Glases ebenso wie über den Verzweiflungsausbruch des Besitzers, wenn er abends nach Hause kommt.

Rezept gegen Langeweile

Auch erweist sich nach einiger Zeit der Blumentopf als viel angenehmer für die Verrichtung der kleinen und großen Notdurft als das liebevoll hergerichtete Katzenklo mit den garantiert geruchsbindenden Granulatstreuseln. Zumal das Scharren in echter Erde mehr Spaß bereitet und man da auch nicht nach ein paar Scharrbewegungen die Fernsehzeitung der vergangenen Woche in den Krallen hat – denn da zerreißt man viel lieber die aktuelle, die so einladend aufgeschlagen auf dem Sofa liegt.

Und hat man erst mal erlebt, wie temperamentvoll Freund Mensch reagiert, wenn man sein Geschäft weder ins Katzenklo noch in den Blumentopf gemacht hat, sondern einfach auf die cremefarbene Auslegware, der Quadratmeter zu 78 Mark, dann mag man das gar nicht mehr lassen – so hingebungsvoll und engagiert hat er noch nie mit einem Fangen gespielt. Kurz: So geht es also auch nicht. Das sagt sich auch der Single mit der Katze und kommt nun auf die ebenso naheliegende wie verhängnisvolle Idee, eine zweite zu erstehen, um dem geliebten Ansprechpartner tagsüber eine angemessene Gesellschaft zu geben, so daß dieser von seinen durch Langeweile verursachten Untaten absieht.

Zwei Katzen sind besser als eine

Dies kann eine gute Idee sein, muß aber nicht. Denn entweder verstehen sich die beiden nicht, dann findet man abends Spuren ihrer Zweikämpfe, und diese Spuren bestehen nicht nur aus Haarteilen. Oder aber sie verstehen sich gut, dann haben sie den ganzen Tag über einen herrlichen Spaß miteinander, und auch diese Spuren sind unübersehbar.

Hinzu kommt, daß Singles von Zeit zu Zeit ausgiebig in Urlaub fahren, schon um diesen Single-Zustand durch eine glückhafte Urlaubsbekanntschaft zu beenden. In diesem Fall muß man gute Bekannte haben, die erstens wenigstens vom Umriß her als Katzenfreunde anzusehen sind, zweitens eine lässige Lebensauffassung haben und ihr Herz nicht

allzusehr an teure Gardinen hängen, und die natürlich drittens nicht zur gleichen Zeit in Urlaub fahren, was sie aber meistens tun, wenn sie herauskriegen, daß man mit dem Wunsch an sie herantreten wird, den Inhalt des Katzenkorbs doch mal kurz für drei Wochen zu versorgen. („Sind reizende Tiere, machen keinerlei Probleme, beschäftigen sich mit sich selbst, und hier ist Geld für Kitekat.“)

Goldfisch als Alternative

Auch das also ist nicht der ideale Weg, das ungelöste Thema des fehlenden Liebhab- und Ansprechpartners erfolgreich anzugehen. Und so unattraktiv zu Beginn auch der Goldfisch für diesen Zweck gewesen sein mag – nach all diesen Experimenten stellt er sich vielleicht doch als eine bedenkenswerte Alternative heraus. Allerdings sollte man vermeiden, aus der Unentschlossenheit einen Kompromiß zu formen und Katze plus Goldfisch zu halten.

Nein, wenn man nicht nur Katzen, sondern auch Spaß an Katzen haben möchte, dann empfiehlt es sich, auf folgende Voraussetzungen zu achten: Zunächst einmal sollte man eine Wohnung haben, die zu ebener Erde liegt und von einem beträchtlichen Garten umgeben ist. Hinter diesem Garten sollte der Wald beginnen oder eine unbewohnte Gegend. Die nächste größere Straße sollte einen Kilometer weit weg sein. Bei den Nachbarn sollte es sich um verständnisvolle Menschen handeln, die Tiere lieben, durch Zufall aber selbst keine haben. In der Wohnung sollte ein Fenster mit einem Ziergitter versehen sein, damit man es immer offen lassen kann. Man selbst sollte häufig unter schlechten Träumen leiden und deshalb froh sein, wenn man mehrmals in der Nacht geweckt wird.

Hat man für diese Voraussetzungen gesorgt, kann man damit beginnen, die Reste vom Wienerwald-Hähnchen in eine Terrassenecke zu stellen. In Kürze wird die erste Katze vorsprechen, und wenn sie merkt, daß man ihr freundlich entgegenkommt – was Katzen im allgemeinen nicht gewohnt sind – und auch die Mahlzeiten regelmäßig serviert und etwas katzengemäßer gestaltet, wird sie sich entschließen – falls sie nicht anderweitig schon gebunden ist –, fest in das Haus einzuziehen.

Endlich ein Untermieter

Nun hat man also einen Untermieter, der nachts unterwegs ist, tagsüber viele Stunden auf dem Sofa verbringt, unidentifizierbar eingekringelt, und vor sich hin schläft. Wann immer er aufwacht, streckt er sich mit einer beneidenswert intakten Wirbelsäule und geht zu seinem Futternapf. Ist dieser leer, so blickt er eine kurze Weile versonnen hinein, damit man auch merkt, was ihn gerade interessiert, schaut einen danach an und gibt ein leises Maunzen von sich, mit dem er andeutet, daß der Zustand des Topfes geändert werden möge. Tut man ihm jetzt ausnahmsweise einen Klacks drauf (denn eigentlich hat er schon bekommen), so kann man sich damit ein paar freiwillig ausgegebene Schmuseportionen einhandeln. Denn Katzen wissen, daß die demonstrativ gezeigte Zuneigung die Futterhand öffnet. Und selbst ausgesprochen distanzierte Charaktere, die sonst mit Streicheleinheiten wenig anfangen können, liefern leidenschaftliche Zuneigungsbeweise ab, wenn man eine Portion Tatar auspackt. In diesem Fall wird dann jede vornehme Zurückhaltung abgestreift, ausgefahrene Krallen zerren fordernd in Oberschenkelhöhe, und die Augen funkeln wie die eines Tigers beim Anblick des hingestolperten Dompteurs.

Mit anderen Worten: Auch Katzen sind nur so lange vornehm, wie ihnen dadurch nichts entgeht.

Bei einer Wohnung mit den Voraussetzungen, wie hier beschrieben, sowie einer Katze als festem Bestandteil bleibt es nicht aus, daß in relativ kurzer Zeit eine zweite auftaucht – es scheint sich herumzusprechen, wo man gut leben kann.

Stürmische erste Begegnung

Die erste Begegnung zwischen dem Alteingesessenen und dem Neuen ist fast immer sehr stürmisch, denn Katzen – das muß gesagt werden – sind keine Katzenfreunde. Aber wenn der Neue ebenfalls heimatlos ist und man es schafft, ihm die Angst und dem anderen die Eifersucht zu nehmen, dann kann es immerhin so weit kommen, daß sich die beiden wenn schon nicht lieben, so doch wenigstens dulden.

Auf diese Weise wird sich der Katzenbestand allmählich vergrößern. Welche Probleme dabei auftauchen und wie die einzelnen Katzenindividuen zueinander stehen, darüber mehr im nächsten Kapitel.

Nun muß man noch all die hinzuzählen, die nur sporadisch auftauchen und dann, wie der Halleysche Komet, wieder für einige Zeit verschwinden. Sie kommen, schauen sich in den Töpfen um, schlafen auch mal ein, zwei Tage auf irgendeinem Sessel, wo sie von den einheimischen Katzen angeknurrt werden, und ziehen dann weiter. Es sind irgendwo fest Stationierte, die sich auf Ausflüge begeben, um die Gegend zu erkunden, und man darf davon ausgehen, daß auch die eigenen dies tun, wenn sie mal für einige Tage verschwunden sind und komischerweise ohne jeglichen Gewichtsverlust dann wieder auftauchen. Dergleichen scheint zur festen Zerstreuung eines Katzenlebens zu gehören – man braucht hin und wieder mal Tapetenwechsel und Futter aus einer anderen Dose, auch wenn diese gleichfalls von der Firma Effem in Verden an der Aller kommt.

Doch schließlich gehen ja auch Katzenfreunde ab und zu zum Italiener, auch wenn sie sich zu Hause mit einer Packung Miracoli, einer Flasche Barbera-Rotwein und einer CD von Ricchi e Poveri genau den gleichen Genuß verschaffen könnten.

Panther, Tiger & Co.

Tatsächlich, obwohl der Hund als ein Rudeltier gilt, kommt sein Besitzer meist mit einem Exemplar aus. Der Katzenfreund dagegen, der sein Herz an einen erwiesenen Einzelgänger verloren hat, kann oft nicht genug davon bekommen und umgibt sich gern mit mehreren.

Das liegt möglicherweise daran, daß ein Hund allein eigentlich schon alles an Freude, Gebell und treuem Blick bietet, was sich der Hundefreund nur wünschen kann, und daß sich diese Eigenschaften auch kaum variieren lassen. Ein zweiter oder gar mehrere bringen da kaum Zusätzliches, sie würden nur ablenken und die Zuneigung zersplittern.

Das Individuum Katze dagegen läßt doch jede Menge Platz neben sich für andere Katzenindividualitäten, und außerdem ist der Katzenfreund auch neugierig, in welch unterschiedlicher Darreichungsform Katzeneigenschaften möglich sind.

Daß der Katzenfreund eine Katze oder gar deren viele überhaupt hat, das ist – es wurde bereits darauf hingewiesen – in den meisten Fällen weniger Absicht als Zufall. Aber natürlich ist da auch das Phänomen der ganz natürlichen Vermehrung. Diese aber sollte – so gut es geht – verhindert werden, weshalb auch jeder Katzenfreund nur dann ein solcher ist, wenn er jeden Neuzugang sofort unters Messer des Veterinärs bringt.

Liebesfreuden und Mutterglück

Diese Maßnahme wirkt brutal, nimmt man mit ihr doch dem Katzenleben – jedenfalls aus menschlicher Sicht – einen wichtigen Bereich weg und enthält dem Tier eine Menge Spaß vor: Liebesfreuden und teilweise auch Mutterglück.

Unterläßt man es aber, so halst man sich viele Probleme auf, und vor diese Alternative gestellt, entscheidet man sich natürlich für den eigenen Vorteil.

Tut man es nämlich nicht, so ist man im Handumdrehen im Besitz von vier bis sechs kleinen Kätzchen, bei deren Anblick jeder in Entzückensschreie ausbricht, aber gar nicht daran denkt, einem wenigstens eins abzunehmen, denn „Heinz ist allergisch gegen Katzenhaare".

Bei Katern dagegen ist es weniger die Angst vor der Nachkommenschaft, derentwegen man dem Skalpell freie Bahn läßt, als die Tatsache, daß sie im unkastrierten Rohzustand immerzu unterwegs sind, regelmäßig zerbissen nach Hause kommen und, solange sie zu Hause sind, gottserbärmlich stinken, da sie jede Ecke ihres Reviers – und das beginnt in der eigenen Wohnung – mit etwas markieren, das nur von Katzen als Duft bezeichnet wird. Und da die erotischen Erlebnisse eines Katers – seinem Zustand nach zu schließen – alles andere als ein Honigschlecken darstellen, er sich auch an die möglicherweise angenehmen Seiten der Sache hinterher nicht mehr erinnern kann und sie somit auch nicht vermißt, tut man ihm mit dieser Operation wahrscheinlich einen genauso großen Gefallen wie sich selbst.

Die biologische Vermehrung ist aber gar nicht nötig, denn es gibt auch andere Möglichkeiten, aus einer Katze mehrere zu machen. Sehen wir uns mal unter den Aspekten Herkunft und Zusammenstellung einen in der Praxis real existierenden Katzenhaushalt an.

Ein Zug zum Vornehmen

Da ist als erstes Nina. Nina heißt so, weil eine Spielkameradin der Kinder, ein Mädchen aus besserem Hause und mit deutlichem Zug zum Vornehmen, diesen Namen festlegte. Und da niemand dagegen protestierte, schon um nicht vor der Notwendigkeit zu stehen, eine Alternative anbieten zu müssen, blieb der Name hängen. Und wenn man ehrlich ist: Er paßt zu ihr.

Nina ist eine inzwischen 15jährige – und das bedeutet nach Katzen-Zeitrechnung über 80jährige – Katzendame, pechschwarz und grünäugig, die mit einigem Übergewicht zu kämpfen hat, wie dies aber nicht nur bei älteren Katzendamen üblich zu sein scheint. Sie kam als Kind ins Haus und wäre ums Haar gar nicht älter geworden als die ersten paar Monate, denn sie wurde mit zerfressenen und vereiterten Pfoten aufgefunden – das schwächlichste Exemplar des ganzen Katzenwurfs.

Anscheinend hatte sie in ungelöschtem Kalk gewühlt und anschließend versucht, die Folgen davon abzulecken, denn auch ihre Stimmbänder waren in Mitleidenschaft gezogen – noch bis in ihr derzeitiges hohes Alter kam sie nie über ein winziges Mauzen hinaus.

Trotzdem hat sie eine gute Erziehung genossen, denn ihre Mutter, eine gestromte verwilderte Katze, und ihr Onkel, ein hellgrauweiß gefleckter Kater, der durch eine betonte rosafarbene Nase und ein zerfetztes Ohr auffiel, hatten ihr alles beigebracht – wie man aufs Klo geht, wie man Mäuse fängt und wie man sie schnell und gezielt totbeißt.

Hingebungsvolle Pflege, die vor allem aus sorgfältigem Auswaschen der Wunden mit Kamillentee bestand, rettete sie in letzter Minute vorm frühen Tod. Nina kennt den Klang des Familienautos unter allen anderen und geht dann, aus tiefem Schlaf sofort erwacht, dem Katzenfreund entgegen. Sie ist außerordentlich redselig und spricht ohne Unterbrechung, und es gibt Augenblicke, da ist man sogar fest davon überzeugt, sie verstanden zu haben.

Tod in der Falle

Als ihre Mutter, ihre einzige verbliebene Verwandte, in eine Falle geraten war und sich mit durchgetrennten Sehnen ihrer Hinterbeine nach Hause geschleppt hatte und eingeschläfert werden mußte, bekam sie als neuen Spielgefährten Philipp. Warum Philipp Philipp heißt, weiß kein Mensch. Vermutlich weil er so aussieht, aber das ist keine überzeugende Erklärung. Denn wenn es danach ginge, müßten eigentlich alle Kater Philipp heißen. Er stammte von einem Bauernhof, und zunächst hatte man es auf seinen Bruder abgesehen. Diesem aber gelang es, sich erfolgreich zu verstecken, so daß der etwas ungeschicktere Philipp eingepackt wurde.

Ob der andere mit seiner Versteckerei gut beraten war, steht dahin.

Denn Philipp hat es gut, und das zeigt mal wieder, daß es auch ganz vorteilhaft sein kann, wenn man im richtigen Augenblick ungeschickt ist.

Philipp ist von vorn bis hinten getigert und erinnert darin an einen etwas altmodischen Pelzkragen. Aufgrund seiner ein bißchen zu früh entfernten Männlichkeit hat seine Figur ein wenig Schaden genommen: Auf Beinen, die eine Spur zu hoch sind, ruht ein Leib, der eigentlich schlank sein müßte, inzwischen aber den Umfang eines kleinen Brotlaibs angenommen hat. Auch der Kopf ist klein geblieben, aber von perfekter Harmonie und mit den beiden Streifen an jeder Seite, die auf Wildkatzenabstammung schließen lassen.

Gut Freund zu anderen Katzen

Dieses Erbe blitzt mitunter auf, denn wenn man mit ihm spielt, verliert er schnell den Überblick, gerät in ein aufgeregtes Hecheln, funkelt mit den Augen und verliert die Kontrolle über Krallen und Zähne.

Doch pfeift er sich schnell wieder zur Ordnung zurück, bedauert seine Unbeherrschtheit und leckt reumütig den zerkratzten Handrücken. Im normalen Leben ist er freundlich und zutraulich, neigt ein wenig zum Trottelhaften und ist gut Freund mit den meisten anderen Katzen.

Cola heißt so, weil sie so dunkel und so aufbrausend ist wie der Softdrink gleichen Namens, allerdings nicht so soft. Sie ist von einer etwas kleineren und zarteren Rasse, ein Eindruck, der aber außerordentlich täuscht und zu Verletzungen führen kann. Zärtlichem Umgang ist sie wenig zugetan. Keine andere kann sich so blitzartig umdrehen und fauchend zuschlagen, wenn man ihr mit den allerbesten Absichten über den Rücken zum Schwanz hin fährt. Cola ist schwarz, doch ist es ein anderes Schwarz als das Ninas: stumpfer, und wenn man sie bürstet – was gefährlich ist – sieht man, daß sie einen hellgrauen Haaransatz hat. Ihr leichter Stich ins Neurotische ist möglicherweise eine unbewältigte Erblast. Ihre Mutter war eine ebenfalls zur Hysterie neigende Tigerkatze mit Silberblick, die viel zu jung war für eine Mutterschaft, aber dem ausdauernden Werben eines riesigen, dunklen und zeckenübersäten Katers namens Otto erlegen war. Völlig überfordert von ihrem frühen Kindersegen machte sie sich davon ins Unbekannte, ihr Wurf wurde in alle Winde verschenkt, und nur Cola blieb in der Nähe ihres Geburtsortes.

Aus Hannibal wird Tapserle

Der nächste in der Reihe war Hannibal. Er erhielt von seiner Finderin diesen hochtrabenden Namen, weil er so klein war wie eine Hand. Ausgesetzt im Alter von nur ganz wenigen Wochen waren seine Stunden gezählt, und nur sein permanentes kleines Geschrei, mit dem er sich unter dem Gebüsch heraus meldete, rettete ihm das Leben. Mit der Pipette großgezogen, entwickelte er sich zu einem niedrig gebauten Kater von beeindrukkender Größe und tigerhaftem Gang. Dennoch: Nie ist es ihm gelungen, in seinen aufwendigen Namen hineinzuwachsen, und sein Schicksal war besiegelt, als jemand von ihm als „Da ist doch noch euer Tapserle" sprach.

Hannibal alias Tapserle ist ohne Katzenkinderstube aufgewachsen und hat deshalb nicht nur mit Identifikationsproblemen zu kämpfen, sondern auch mit dem Problem, wo man hinmachen darf, wenn man mal muß. Hier reicht sein Spektrum vom alten abgestellten Koffer im Keller bis zum Menschenklo. Die Katzen des Hauses haben sich mit ihm abgefunden, auch mit seiner ungeschickten Art, sie in ein Spiel zu verwickeln. Wenn

er Cola scherzhaft von hinten anspringt, verwandelt sie sich ganz plötzlich in einen wirbelnden schwarzen Fleck. Nina weist ihn ab mit der Attitüde einer älteren Dame, die von einem tolpatschigen Jüngling belästigt wird, und nur Philipp, als ähnlich gutmütiger Charakter, ist ein bereitwilliger Mitmacher, wenn Tapserle ihn blitzartig um den Hals kriegt und niederringt. Er besitzt einen breiten Katzenkopf, aber immer noch große runde Kinderaugen und haßt es, wenn man ihn auf den Arm nimmt.

Zeitlebens ein Vagabund

Ein besonderes Problem stellt Bukowski dar. Bukowski heißt so, weil er – ein Kater von zweifellos hohem Alter – sein ganzes Leben im Dunkel des Vagabundentums verbracht hat. Streunend war er eines Tages aufgetaucht und hatte das beschauliche Dasein der Katzen mit einem Schlag durcheinandergebracht. Keine traute sich mehr vor die Tür. Bei seiner nächtlichen Futtersuche drang er ins Haus ein, was zu Kämpfen mit den Einheimischen führte, von deren Ausmaß und Folgen sich keiner eine Vorstellung macht, der nicht wenigstens einmal davon im Schlaf überrascht wurde. Natürlich war Bukowski bei diesen Auseinandersetzungen immer im Vorteil: Hart und sehnig, an den Kampf ums Dasein und die Kitekatreste gewöhnt, war er den an beschauliches Dasein Gewöhnten und durchweg an

Übergewicht Leidenden spielend überlegen. Es war der Urzwist zwischen den herumziehenden Nomaden und den seßhaften Akkerbauern, der am Anfang der menschlichen Geschichte steht und unsere Zivilisation bis heute überschattet.

Das heftige Verlangen, ihm den Hals umzudrehen, konnte leider nicht gestillt werden, da man erstens seiner nicht habhaft wurde und es zweitens auch sicher nicht angeraten war, das mit dem Halsumdrehen auch wirklich zu versuchen. Außerdem: Welcher Katzenfreund würde sich zu einer solchen Tat bereit finden?

Adumbran im Futter

Schließlich gelang es, ihn mit Adumbran im Futter so weit lahmzulegen, daß man den bereits beschriebenen Gang zum Tierarzt antreten konnte in der Hoffnung, der Eingriff in seine Vitalität werde ihn ruhiger machen. Wenngleich es natürlich jedem gegen den Strich gehen muß, ausgerechnet einem Bukowski an dieser Stelle etwas wegzunehmen.

Noch halb im Ätherrausch gelang es ihm, sich durch ein Fenster davonzumachen, heldenhaft und seiner Wunden nicht achtend, wie man es sonst eigentlich nur in Filmen mit John Wayne erlebt.

Wochen später kam er wieder, ausgehöhlt von der Katzenseuche, und lag wehrlos auf der Gartenbank, attackiert von allen, die er früher allein durch seinen Anblick verscheucht hatte – ein gebrochener Riese, Samson nach dem Haarschnitt. Und ausgerechnet ihm, den man so zum Teufel gewünscht hatte und dem man den Hals hatte umdrehen wollen, ließ man jetzt, wo die Erfüllung dieses Vorsatzes einfach gewesen wäre, alle Segnungen der Veterinärmedizin angedeihen. So kam er wieder auf die Beine – und blieb.

Gefährliche Konfrontation

Mit ihm zog eine neue Ära in den ganzen Katzenhaushalt ein. Cola verlor bei seinem Anblick immer wieder die Kontrolle über ihren Schließmuskel. Nina war über ihn so empört, wie eine anständige alte Dame über ein Geschöpf namens Bukowski nur empört sein kann, und ihr Aufschrei, wenn er sich an sie heranmachte, war ein eindeutiges: „Unerhört, Sie Flegel!"

Philipp hätte ihn vor Wut liebend gern zerrissen und lag fauchend und bis auf den Boden geduckt mit angelegten Ohren vor ihm, während Bukowski seine Vorderbeine wie Teleskope höher machte, den Kopf schräg hielt und an dem fauchenden Angreifer seltsam vorbeiblickte, die Ohren zu Tüten geformt. Dennoch muß gesagt werden, daß bei einer solchen Konfrontation der gefährlicher Wirkende der Harmlosere war. Drohgebärden, wie auch sonst im Leben, lassen sich vom Kenner leicht durchschauen. Hannibal dagegen war, als er plötzlich den Schrecken der Nacht am hellen Tag in der Wohnung auf 20 Zentimeter Distanz vor sich sah, einfach zur Seite hin umgekippt und blieb liegen, wie ein Käfer, der sich totstellt.

Eine makabre Laune der Natur wollte es, daß Tapserle und Bukowski fast gleich aussehen. Beide sind gleich groß, getigert mit großen weißen Stellen dazwischen, und es ist im wesentlichen nur der Gesichtsausdruck, der die sie trennenden Welten offenbar macht. Da aber Katzen wohl nicht aufs Gesicht gucken oder aber Katzen für Katzen noch unterschiedsloser nach Katzen aussehen als für manche Menschen, passiert es immer wieder, daß z. B. Philipp treuherzig näherkommt, in der irrigen Annahme, es handele sich um seinen alten Freund, um dann plötzlich in Augen zu blicken, die an die des Massenmörders Harmann erinnern.

Süchtig nach Streicheleinheiten

Doch so unversöhnlich Bukowski zu Katzen ist, so streichelbedürftig ist er im Umgang mit dem Katzenfreund. Nie ist er bösartig, ungeduldig oder launisch, nie kratzt oder beißt er. Man kann ihn sogar auf den Arm nehmen nach Babyart, und er hebt höchstens abwehrbereit die Pfote. Aber ein ganz tiefes Grummeln, als würden in der Nachbarschaft große Schränke hin- und hergerückt, zeigt an, daß man es nicht übertreiben möge.

Bleibt zum Schluß Herr Roth. Herr Roth heißt so, weil er ein rötliches Fell hat, wirkungsvoll unterbrochen von weißen Stellen. Dazu Augen von der Farbe zu hell geratenen Milchkaffees. Die Zusatzbezeichnung „Herr" verdankt er seinem Verhalten – ruhig, freundlich, distanziert und friedlich, allerdings ohne jegliches Bedürfnis nach Kontakt. Herr Roth wird von allen geduldet, und sogar Bukowski mußte – wahrscheinlich zum erstenmal in seinem Leben – mit der Tatsache fertig werden, daß da jemand ganz einfach an ihm vorbeigeht mit einem Gesichtsausdruck, der so ähnlich lautet wie: „Würden Sie bitte kurz von der Tür weggehen, ich möchte hinaus. Danke."

Herr Roth stand eines Tages vor der Tür und blickte mit dem ihm eigenen feinen und vornehmen Gesichtsausdruck durch die Scheibe. Wie sich später herausstellte, waren seine Besitzer weggezogen und hatten ihn einfach zurückgelassen.

Natürlich ist Herr Roth ein eigenartiger Name. So einleuchtend er für den Namensgeber ist, beim Tierarzt ruft er Erstaunen hervor. „Wie heißt er?" fragte die Medizinerin mit hochgezogenen Brauen, den Stift in der Hand. „Herr Roth", ist dann die verlegene Antwort, und etwas verlegener kommt der Zusatz: „Mit th bitte."

Im übrigen treibt sich seit einiger Zeit ein junger, dünner Kater im Garten herum, dunkel getigert und räudig wie ein mottenzerfressener Fuchspelz. Ob man ihm Asyl gewähren soll, darüber gehen die Meinungen extrem auseinander. Nur sein Name steht jetzt schon fest: Hubertus.

Ist die Tür zu?

Der Katzenfreund, der eine Sammlung wie die eben beschriebene unter seinem Dach beherbergt, steht natürlich immer wieder vor gewaltigen Organisationsproblemen, wenn er das Haus verläßt, um wichtige Besorgungen zu erledigen – beispielsweise die, zwei Zentner Katzenfutter einzukaufen. Sieht er sich dann doch in der gleichen Situation wie in dem bekannten Denksporträtsel der Fährmann, welcher Kohlkopf, Schaf und Wolf so transportieren muß, daß keiner den anderen auffrißt. In dem vorliegenden Fall lautet die wichtigste Frage: Habe ich Bukowski so von allen anderen isoliert, daß keine Katastrophen passieren können? Die Isolierung kann so aussehen: Bukowski schläft in Raum A mit freiem Zugang zu Raum B, wo sich ein Katzenklo befindet. Der Rest oder auch Teile des Restes befinden sich in Raum C mit freiem Zugang zum Katzenklo in Raum D. Dies ist eine sichere Trennung, vorausgesetzt, man hat die Tür, die den Trakt A/B gegen C/D absichert, auch verläßlich geschlossen. So kann es immer wieder vorkommen, daß der Katzenfreund die Katzenfreundin fragt: „Sag mal, ist eigentlich die Tür zu?"

„Woher soll ich das wissen, du warst ja zum Schluß in der Küche, weil du Hannibal vom Sofa im Wohnzimmer auf die Sitzbank in der Eßecke gelegt hast. "

„Tatsächlich? Ich dachte, du hättest danach noch Philipp aus dem Schlafzimmer in das Eßzimmer gebracht, als du die Fenster zugemacht hast."

Menschliche Trägheit

„Nein, Philipp war im Treppenhaus und ist unten bei den Kindern rein. Im Schlafzimmer lag Herr Roth, und bei dem ist es ja egal, wo er ist."

„Mit anderen Worten: Wir können nicht sicher sein, daß die Tür wirklich zu ist. Komm, laß uns lieber noch mal zurückfahren und nachsehen, sonst habe ich keine Ruhe."

„Unsinn, Bukowski war die ganze Nacht draußen, der hat mich erst heute früh um halb sieben geweckt. Wie ich den alten Mann kenne, schläft er jetzt durch bis Mittag. Da müssen wir keine Angst haben. Außerdem sind wir ja bald wieder zurück."

Die menschliche Trägheit läßt den Katzenfreund nachgeben. Doch er ist die ganze Zeit über ungefähr so ruhig, als hätte er seinen Wagen im absoluten Halteverbot direkt vor der Polizeiwache geparkt. Seine Angst ist nicht unberechtigt, und der Vorwurf der Hysterie, den man ihm macht, trifft möglicherweise zu, doch handelt es sich dabei um eine Hysterie mit handfestem Hintergrund.

Keine Phantasie nötig

Und während der Katzenfreund in der Umkleidekabine eines Kaufhauses steht und eigentlich seine ganze Aufmerksamkeit darauf verwenden sollte, um sich der preislich herabgesetzten Freizeitjacke zu widmen und zu überlegen, ob er es mit dem Abnehmen diesmal wirklich ernst meint oder ob er vorsichtshalber eine halbe Nummer größer nehmen soll, ohne Rücksicht auf die Ärmel, die ihm dann bis zu den Fingerspitzen reichen – also während er all das bedenken sollte, denkt er in Wirklichkeit nur an eines: an die möglicherweise offene Tür.

Leider ist auch seine Erfahrung so umfassend, daß die Phantasie kaum noch benötigt wird – er sieht Bukowski erwachen, sieht ihn gähnend sein gräßliches Gebiß fletschen, einen Buckel machen, vom Fensterbrett über den Polstersessel herunterspringen und langsam über den Flur gehen. Dann tritt er durch die Tür, die möglicherweise offen ist (und je mehr er darüber nachdenkt, um so offener will sie ihm erscheinen), schnuppert kurz an den verschiedenen, von Philipp und Herrn Roth blankgeleckten Futtertellern und geht dann im Vorgefühl eines kommenden großen und aufregenden Erlebnisses ein Zimmer weiter.

Vorsorge und Verantwortung

Dort aber schlafen sie, die Armen, Unschuldigen. Nichtsahnend und der Vorsorge und

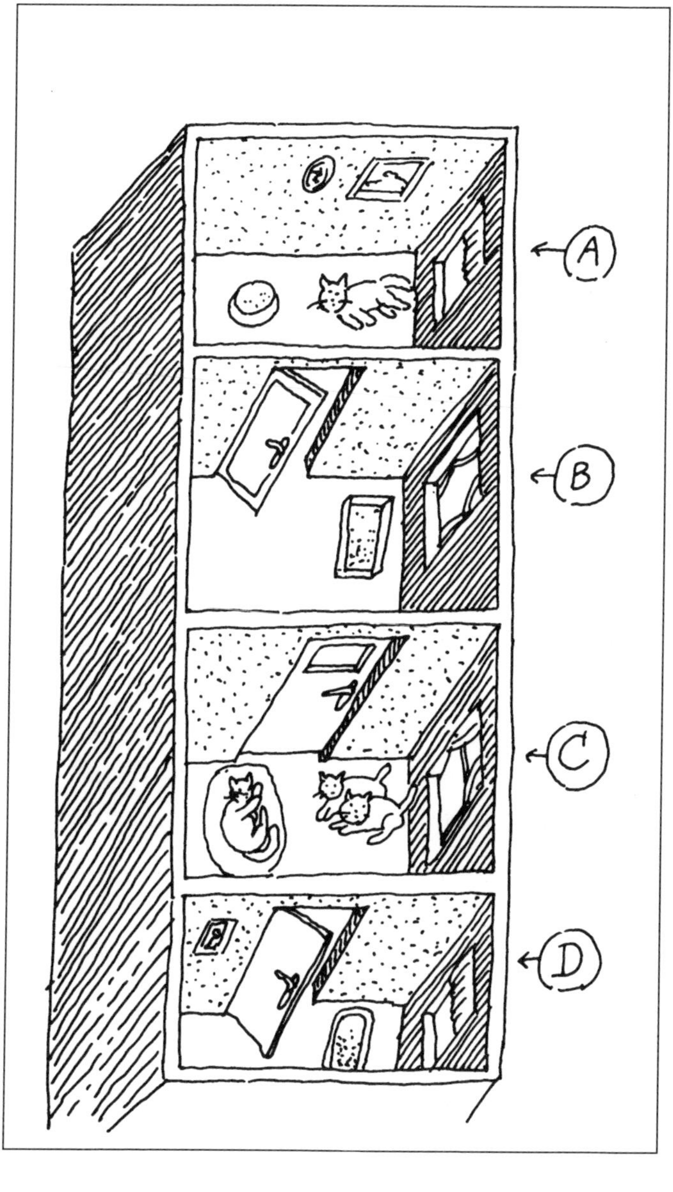
A
B
C
D

der Verantwortung des Katzenfreundes vertrauend schlafen sie in ihren Körbchen. Und dann steht er da ...

Nicht daß sie etwa schwach, feige und zum Kampfe untauglich wären. Jeder hat seine Schlachten hinter sich und seine Kratzer auf der Nase vor sich, aber es gibt Gegner, deren Anblick allein schon jeden Widerstand erlahmen läßt.

Man kennt sie noch aus Kindheit und Schule. Sie müssen nicht unbedingt stärker sein, vielleicht würde man sie im Fingerhakeln sogar besiegen, aber sie haben etwas an sich – vielleicht ist es einfach die Tatsache, daß sie keine Gnade kennen, daß sie nicht nach kurzem Schlagabtausch die Lust verlieren und „Komm, lassen wir's gut sein!" sagen –, was sie so entsetzlich macht.

Zu dieser Sorte von Feinden gehört Bukowski. Er stellt sich nur auf die Hinterbeine, so daß er sich mit dem Kopf ein wenig über dem noch schlafenden Opfer befindet, so daß dieses – plötzlich von unguten Träumen heimgesucht – erwacht und nach oben blinzelt, wo es in Augen blickt, die kalt sind wie zwei geeiste Maltesergläser.

Dies allein genügt, um jeden an den Rand eines Herzinfarkts zu schicken, während das Adrenalin gleich eimerweise in die Blutbahn geschüttet wird.

Bei dieser Vorstellung schließt der Katzenfreund die Augen, besonders wenn er denkt, daß Cola dieses Opfer sein könnte.

Sie wird, so sagt er sich, während er gedankenverloren sein Spiegelbild mit dem zu engen Jackett anstarrt, vor Fauchen einen Erstickungsanfall bekommen, die Augen werden ihr aus dem Kopf treten, während sie hintenraus ihre Verdauung über die Rohseidenkissen verstreut.

Spätestens jetzt entschließt sich der Katzenfreund, das Jackett als passend zu erachten und notfalls widerspruchslos auf die Atkins-Diät umzusteigen, und er sagt: „Ich möchte jetzt eigentlich nach Hause, irgendwie ist mir nicht wohl."

„Doch nicht etwa wegen der Katzen! Die schlafen doch noch Stunden."

„Mag sein, aber ich weiß nicht recht ..."

Nun, zu Hause angekommen, stellt er fest, daß tatsächlich alle Katzen friedlich schlafen, und natürlich ist die Tür zu.

Herr Roth als Joker

Aber es gibt auch noch andere Aufteilungsmöglichkeiten. Beispielsweise kann man Bukowski aussperren und allen übrigen die Wohnung zur freien Verfügung überlassen, wobei Herr Roth als Joker zu behandeln ist, da er zu beiden Gruppen paßt. In diesem Fall muß man natürlich darauf achten, daß das Gitterfenster geschlossen bleibt. Läßt man es aber offen, um bei starkem Regenguß den Ausgesperrten nicht der schlechten Witterung zu überlassen, so muß man darauf achten, daß die Zimmertür geschlossen bleibt, denn das Gitterfenster führt in Raum B, wo Bukowski nicht nur Trockenheit, sondern auch sein Klo vorfindet.

Läßt man hingegen alle anderen raus, so sollte man das Fenster geschlossen halten, um jeden Kontakt zwischen den Verfeindeten zu unterbinden. Die letzte Variante schließlich lautet: alle nach draußen. Dies hat den Vorteil, daß man sich nur noch um die Katzen Sorgen machen muß, aber nicht mehr um die Wohnung, was die Verdrängung von schlimmen Vorstellungen einfacher macht. Sollen sie sehen, wie sie sich arrangieren, denkt der

Katzenfreund, schließlich sind sie erwachsen, und wenn es mich nicht gäbe, müßten sie ja auch sehen, wie sie mit dem Leben zurechtkommen.

Und es ist immer wieder erstaunlich, wie leicht man sich von diesem Gedanken beruhigen läßt. Es ist anscheinend doch immer die Vorstellung, man könne beim Nachhausekommen die Wohnung in einem Zustand antreffen, als habe ein Erdbeben stattgefunden, was einen unterwegs so nervös macht – über das Schicksal von Tapserle setzt man sich leichten Herzens hinweg.

Dennoch, es gibt immer wieder Situationen, in denen man alle Leute für intelligent und lebensklug hält, die sich mit einem einzigen Angora-Kater, der vor lauter Aristokratie halbblind durch die Wohnung schleicht, zufriedengeben. Ja, mitunter beneidet man sie direkt um ein solches Tier.

Katz und Maus

„Heute nacht bin ich wieder ewig einer Maus hinterher", sagt der Katzenfreund morgens übermüdet zu seinem Kollegen am Schreibtisch gegenüber.

„Ich denke, Sie haben eine Katze", antwortet dieser und blickt noch nicht mal von seinen Computerlisten hoch.

„Eben drum", antwortet der Katzenfreund und weiß, daß er mal wieder überhaupt nicht verstanden wird.

Und doch ist die Erklärung so einfach. Katzen sind erschaffen worden, um Mäuse zu fangen und anschließend aufzufressen. Oder aber die Mäuse wurden erschaffen, damit die

Katzen etwas zu fangen oder zu fressen haben. Hier ist die Kausalität noch nicht ganz geklärt, aber das ist auch nicht weiter wichtig.

Wichtig ist vielmehr, daß die Maus zwei Chancen hat: Sie entkommt, oder sie wird gefressen. So will es die Natur. Da aber die Gesetze der Natur bei Hauskatzen so gut wie abgeschafft sind, kommt noch eine dritte Variante hinzu: Die Maus wird gefangen, aber nicht gefressen, sondern nach Hause gebracht. Dies tut die Katze, indem sie das einzige Fenster benutzt, das nachts offensteht: das des Schlafzimmers.

Natürlicher Fangtrieb

Die Katze nämlich hat von der Natur einen Fangtrieb mitbekommen. Es macht ihr Spaß, Mäuse zu fangen.

Würde es ihr keinen Spaß machen, so müßte sie verhungern, denn Mäusefangen ist an sich eine schwierige Arbeit. Unsere Katze aber hat den Bauch voller „saftiger Stücke mit Leber", sie hat also keinen Hunger mehr, sondern nur noch Fangtrieb. Während sie sich den Bart leckt und mit ihrem steil emporgereckten Schwanz, der an der Spitze umgeknickt ist und an den Stromabnehmer eines Autoscooters erinnert, in die warme Sommernacht mit ihrem reichhaltigen Mäuseangebot hinausgeht, reibt sie sich im Geiste die Pfoten und freut sich auf eine muntere Jagerei. Diese Jagerei indes ist schnell zu Ende, denn in den warmen Sommernächten, die Gott sei Dank immer seltener werden, laufen die Mäuse quietschvergnügt umher und besuchen ihre Freunde.

So macht es auch einer etwas übergewichtigen Hauskatze keine großen Umstände, an ein Opfer zu kommen. Nun könnte sie mit ihm nach Herzenslust im Garten herumtollen, aber das tut sie leider nicht. Vielmehr sagt sie sich, daß das Herumtollen viel vergnüglicher ist, wenn man das zu Hause in den eigenen vier Wänden macht.

Da nämlich kann die Maus nicht in ihr vertrautes Loch zurück, und da gibt es auch keine Mauerritzen und dichten Büsche, wo sie sich verstecken kann.

Außerdem, sagt sich die Katze, hat dann auch der Katzenfreund etwas davon, denn der ist ja ganz verrückt nach Mäusen.

Samtpfötige Lautlosigkeit

Diese Überlegungen führen dazu, daß sie die Maus, die sich nun starr und tot stellt, in den Mund nimmt, so daß links und rechts je ein Stück Maus herunterhängt, und mit einem eleganten Satz, wie er Katzen auszeichnet, vom Garten ins Schlafzimmer wechselt. Dort läßt sie die Maus frei, die sofort unter dem Bett, hinter dem Schrank, zwischen Bett und Nachttisch oder hinter dem abgestellten Koffer Zuflucht sucht – gierig verfolgt von der spielbesessenen Katze, die nun jede Art von Lautlosigkeit abstreift.

Der Katzenfreund, der gerade in seinen ersten Schlummer eingetaucht ist, schreckt hoch, und da er ein erfahrener Katzenfreund ist, weiß er sofort: Aha, eine Maus.

Nun nimmt er Abschied vom Schlummer, knipst das Licht an, verläßt das Bett und schließt die Schlafzimmertür, um der Maus den Fluchtweg in den Rest der Wohnung, wo sie unauffindbar untertauchen kann, abzuschneiden. Dann ergreift er das kleine Handtuch, das er zu diesem Zweck neben sich liegen hat, und versucht zunächst einmal in der halbdunklen Ecke, die vom Schein der

Nachttischlampe kaum erreicht wird, die Maus zu orten. Meist findet er sie, wenn er den starren Blick der Katze geradlinig verlängert: ein bräunliches Etwas mit völlig verschreckten Knopfaugen. Mit dem Tuch in der Rechten, das er so hält, daß er es sofort über die Maus stülpen kann, wenn er sie sicher in einer Ecke weiß, begibt er sich nunmehr auf die nächtliche Jagd.

Die Katze selbst beobachtet das ganze aufmerksam und greift nur dann ein, wenn es der Maus gelungen ist, in allerletzter Sekunde unter dem Tuch durchzuschlüpfen und an der freien Wand unterm Fenster in die andere Ecke zu eilen. Dabei muß der Katzenfreund erkennen, daß die Katze, zumindest aber seine Katze, zu allem möglichen geeignet ist, nur nicht zum Mäusefangen.

Die Verfolgung nimmt nun hektische Züge an. Der Katzenfreund wird wütend, und Wut ist ein schlechter Helfer bei der Jagd nach einem so flinken Tier, wie die Maus es ist. Vor allem aber hat er Wut auf die Katze, die ihn auf diese Weise um die Nachtruhe bringt und sich unfähig zeigt, den Schaden umweglos aus eigener Kraft wiedergutzumachen. Ja, eigentlich ist sie nur im Weg. Mit ihrem unsinnigen und ziellosen Hin- und Hergerenne macht sie alles nur noch schlimmer.

Dritte Dimension

Die Maus ihrerseits hat natürlich keine Ahnung, daß die einzige Art, mit dem Leben davonzukommen, die ist, sich von dem großen, aufgeregten und fluchenden Tier im Schlafanzug und mit dem Lappen in der Hand fangen zu lassen. Vielmehr entfaltet sie jetzt ihr ganzes weitgespanntes Repertoire an Fluchtmöglichkeiten, über das sie als geborenes Beutetier verfügt, und bezieht dabei auch die dritte Dimension mit ein, und das bedeutet, daß sie nun auch in die Höhe springt und den Vorhang hinaufklettert. Manchmal flüchtet sie auch in das Pyjama-Hosenbein des Katzenfreundes und eilt ins Unbekannte empor. Dies mag nicht besonders angenehm sein, aber wenn man Mäuse mag (und welcher Katzenfreund tut das nicht), dann fällt man nicht tot um, was naheliegend scheint, sondern nutzt die Chance, rafft den Stoff vor und hinter ihr zusammen, und die Jagd kann unter Umständen als beendet angesehen werden.

Inzwischen ist natürlich auch die Katzenfreundin wach geworden. „Was ist los, was machst du da?“ lallt sie schlaftrunken, als gäbe es viele Erklärungen dafür, daß ein Mensch nachts mit einem Handtuch im Zimmer herumläuft.

„Das Mistvieh hat wieder eine Maus reingebracht“, zischelt der Katzenfreund, der in diesen Augenblicken keiner mehr ist.

„Oh Gott“, sagt die Katzenfreundin und dreht sich wieder zur Seite.

Die Jagd kann nun auf zwei Arten beendet werden: Entweder man schafft es doch noch, die Maus im Handtuch zu fangen (bloße Hände sind zu klein dafür und werden auch zu oft gebissen). In diesem Fall begibt sich der Katzenfreund in den nächtlichen Garten hinaus, durchquert diesen und wirft die Maus weit über den Zaun in die Nacht. Oder aber es gelingt der Maus, sich unterm Schrank in scheinbare Sicherheit zu bringen, und dann muß der Katzenfreund eine Falle aufstellen.

Ein putziges Spielzeug

Da der Katzenfreund Tierfreund ist, bevorzugt er eine, in der die Maus lebendig gefangen werden kann. Doch sollten ihm in seiner Situation auch die mit der tödlichen Wirkung recht sein, ungeachtet der Unschuld der Maus, die ja nicht aus freien Stücken in die Wohnung kam.

Die Falle empfiehlt sich nämlich deshalb dringend, weil Mäuse schnell den Weg in die Küche finden, wo sie sich unter Herd oder Geschirrspüler verstecken und erreichbare Kabel blanknagen. Was vor allem die Katzenfreundin, die dort ihrer Arbeit nachgeht, in die akute Gefahr eines elektrischen Schlages bringt.

Die Katze hat übrigens nicht gemerkt, daß die Maus längst gefangen wurde oder in eine ganz andere Ecke entwischen konnte. Unverwandt starrt sie auf die Stelle, wo sie ihr putziges Spielzeug zuletzt gesehen hat, und kann es nicht fassen, daß dort nichts mehr ist.

Aufgedreht und mit einem erschreckenden Blutdruck begibt sich der Katzenfreund wieder ins Bett. Die Katze hat er fluchend hinausbefördert und das Fenster fest geschlossen.

Kaum jedoch findet er sich wieder in der Nähe des erlösenden Schlummers, als er es am Fenster rumpeln hört – sein liebes Tier

möchte herein, ganz ohne Maus, nur so. Weil es draußen dunkel ist. Er wartet noch eine kleine Weile, weil er aber weiß, daß Katzen sich nur selten von etwas abbringen lassen, öffnet er das Fenster, läßt das Tier herein, schubst es auf den Flur und schließt hinter ihm die Schlafzimmertür.

„Warum hast du die Schlafzimmertür zugemacht?“ fragt schläfrig die Katzenfreundin.

„Weil jetzt das dämliche Mistvieh in der Wohnung ist und ich es nicht mehr sehen oder hören möchte“, antwortet der Katzenfreund aufgebracht.

„Er wird aber sicher nachher an der Tür kratzen und wieder rauswollen.“

„Er soll zum Teufel gehen!“

Gerade ist der Katzenfreund am Einschlafen, als es leise an der Tür kratzt ...

Allerlei Tischsitten

Daß Katzen auf Grund ihrer Selbständigkeit und ihres ausgeprägten Bedarfs an einer gewissen und nicht zu kleinen Unabhängigkeit leicht zu halten sind, wurde schon gesagt.

Sie sterben nicht vor Sehnsucht, wenn sie einen mal für eine ganze Weile nicht sehen – obwohl manche tagelang grollen können, wenn man sie für einige Zeit allein gelassen hat. Sie werden nicht schwermütig, wenn sie auf den Anblick des Katzenfreundes vorübergehend verzichten müssen, und daß sich eine Katze vor Trauer aufs Grab des Verstorbenen legt, kommt sehr selten vor. Genauer gesagt: überhaupt nicht.

Hat man den freien Zugang zur Wohnung sichergestellt und existiert auch ein freundlicher Nachbar, der ihnen zweimal am Tag etwas zu essen hinstellt und den Wassertopf nachfüllt, und streift auch kein Spielverderben wie Bukowski umher, so kann man sie nicht nur für ein Wochenende, sondern sogar für einen zweiwöchigen Urlaub allein lassen.

Darüber hinaus kosten sie keine Steuern und keine besonderen Haftpflichtprämien, und was eine Dogge an einem Tag in sich hineinschlingt, davon kann ein ausgewachsener Kater eine ganze Weile recht gut leben.

Sparsames Eintopfgericht

Hat man allerdings nicht nur einen Kater, sondern deren mehrere, dann kann die Verpflegung zu einem ernstzunehmenden Posten im Haushaltsetat werden. Und wenn der Katzenfreund loszieht, um im preisgünstigsten Supermarkt zehn und mehr Dosen zu erstehen, dann bleibt für den Rest der Familie im allgemeinen nur noch ein äußerst sparsames Eintopfgericht übrig.

Warum es also verheimlichen: Auch Katzen, mehrere vor allem, kosten Geld. Nicht nur, um ihnen die Vermehrungsmöglichkeiten zu nehmen, muß der Katzenliebhaber Scheine hinblättern, auch Impfungen, Krankheiten und – bei alten Katzen – Hormonbehandlungen gehen tierisch ins Geld.

Am teuersten kommen aber die Futterdosen, die abends im Werbefernsehen von zufriedenen Katzen und überzeugten Katzenfreunden vorgestellt werden. Natürlich freut sich der Mensch, wenn die Katze gesund ist, aber wenn sie ihn ins Armenhaus frißt, so freut ihn das keinesfalls.

Deshalb ist es auch dem Katzenfreund nicht möglich, das zu kaufen, was auch Katzen kaufen würden. Nicht nur, weil dieses in vielen attraktiven Sorten verlockend auftretende Menü auf Dauer unerschwinglich ist, sondern vor allem, weil auch Katzen – darin dem Katzenfreund nicht unähnlich – nicht nur essen, wenn sie Hunger haben, sondern auch dann, wenn es ihnen besonders schmeckt. Diese Gefahr also gilt es schon beim Einkauf auszuschalten.

Zweitens essen Katzen – auch darin dem Katzenfreund vergleichbar –, wenn sie sich langweilen, was besonders in der trüben Jah-

reszeit und bei schlechtem Wetter der Fall ist. Dann trotten sie wie auf Kommando hinter dem Katzenfreund her, wenn er die Küche aufsucht, setzen sich um ihn herum und maunzen ihn auffordernd an.

Auf Linie achten

Natürlich kann man diese Aufforderung ignorieren. Aber wenn man sich gerade selbst außerhalb der Zeit bedient hat, dann holt einen das Gewissen ein, falls man die Katzen spartanischer behandelt.

Zwar müssen auch Katzen auf Linie und damit auf Diät achten, aber man kann hier ja schlecht mit zweierlei Maß messen. Hinzu kommt, daß Katzen nicht wissen können, warum man sie auf Diät gesetzt hat, und daß man ihnen in ihrem eigenen Interesse die Extraportion verweigert.

Vielmehr müssen sie annehmen, daß man entweder fürchterlich hartherzig ist, oder aber daß man anscheinend nicht kapiert, was sie gerade so ausdrücklich anfordern. Beides will man nicht.

Nun sind die Freßgewohnheiten der Katzen natürlich verschieden. Die einen wollen möglichst viel, die anderen möglichst oft und der Rest – so ca. 99 Prozent – möglichst oft viel.

Möglichst oft beispielsweise wollen die Jungen. Leute wie Tapserle z. B. sind wie Kinder, also viel zu beschäftigt, um lange hinter ihrem Teller sitzen zu können. Sie erübrigen dafür nur wenige Sekunden, und auch die nur, wenn man sie dabei pausenlos streichelt und ihnen versichert, daß dies alles für sie sei.

Doch auch die Alten haben den Freßtrieb z. T. abgelegt und durch geistige Interessen ersetzt, beispielsweise indem sie lange und nachdenklich dem Nachbarn beim Autowaschen zusehen und sich anschließend, von der Betrachtung dieser gewaltigen Anstrengung zutiefst erschöpft, zum Schlafen niederlegen.

Diejenigen, die verpflegungsmäßig ins Geld und auf die Nerven gehen, sind die Mittleren. Da man ihnen die Libido genommen hat, müssen sie sich ein anderes Vergnügen suchen. Und da ihnen nicht wie beim Menschen das Trinken bleibt – denn dieses besteht nur aus Wasser –, entscheiden sie sich in aller Regel fürs Fressen. Leider verteilen Katzenfreunde – die weiblichen vor allem – das Essen in der unerbittlichen Manier von

Müttern: Jeder bekommt das gleiche, davon aber nicht zuviel, denn „wir wollen ja ein schlanker, hübscher Kater sein".

Nun legen viele Kater keinerlei Wert auf diese Eigenschaften. Philipp beispielsweise, weil er es schon längst nicht mehr ist, schlank nämlich, und auch keine Chance sieht, es jemals wieder zu werden. Herr Roth dagegen, weil er es noch ist und demzufolge glaubt, er müsse auf seine Figur nicht achten.

Suche nach Tricks

Also müssen beide versuchen, ihre zusätzlichen Portionen durch Tricks zu erreichen.

Dies sieht beispielsweise so aus, daß sich jeder breitbeinig über seinen eigenen Topf stellt und sich aus dem des weniger verfressenen Nachbarn bedient. Erst danach machen sie sich über ihre eigene Portion her.

Oder sie warten geduldig in erreichbarer Nähe, bis die Jüngeren oder Älteren von ihren halbvollen Tellern aufstehen – in dem durch nichts zu erschütternden Glauben, sie könnten den Rest in einer Stunde zu sich nehmen. Dann aber ist der Teller nicht nur leer, sondern blankgeputzt wie mit Stahlfix-Topf-

reiniger, während die Täter zufrieden in ihren Ecken sitzen und sich die Nase lecken.

Ein weiterer Trick ist die „Erschleichung der Willkommensportion". Diese wird dann verabreicht, wenn der Kater nach längerer Abwesenheit wieder nach Hause kommt. Also lassen sie sich von Katzenfreund Nr. 1 füttern, verlassen die Wohnung und kehren dann zurück, wenn Katzenfreund Nr. 2 anwesend ist – den Eindruck langen, entbehrungsreichen Herumwanderns vortäuschend.

„Da muß aber jetzt das liebe Tier etwas bekommen", meint der ahnungslose Katzenfreund voller Mitleid und holt sofort die Dose. Ein dankbares Reiben des Kopfes an der spendenden Hand belohnt ihn listig.

Auch kann man mitunter seltsame Eigenheiten registrieren. Philipp z. B., der alles frißt, was weicher ist als ein Brückenpfeiler, und der aus tiefstem Schlaf erwacht, wenn er hört, wie eine Dose feine Erbsen geöffnet wird, verschmäht unerschütterlich alles, was Hersteller von Tiernahrung unter dem Begriff „Delikatessen für Ihren Liebling" anpreisen. Niemand weiß bisher, welches Sinnesorgan bei ihm verkrüppelt ist.

Gezielte Pfotenhiebe

Gemeinschaftliches Fressen ist wie Weihnachten zwischen verfeindeten Nationen – das Feuer wird vorübergehend eingestellt. So werden zumindest kleinere Feindschaften, wie sie zumeist von weiblichen Katzen ausgehen und sich in einem kurzen, gezielten Pfotenhieb im Vorübergehen entladen können, kurzfristig außer Kraft gesetzt. Das liegt vor allem daran, daß jeder weiß: Wer sich jetzt eine Auseinandersetzung leistet, muß damit rechnen, hinterher vor einem leeren Teller zu stehen. Und dann sagt die Katzenfreundin streng: „Geschieht dir ganz recht, warum mußt du auch immer so giftig sein und dem armen Hannibal eine hauen. Jetzt hat dir Herr Roth den Rest weggefressen. Nein, nichts mehr, merk dir's fürs nächste Mal!"

Mangel an Vitaminen

Natürlich gibt es für Katzen kein interessanteres Essen als das, was laut Werbung der Dosenfutter-Hersteller zuwenig Vitamine enthält sowie keine ausreichende Menge an wertvollen Mineralien, und das deshalb unweigerlich zu Mangelerscheinungen und frühem Hinscheiden führen muß. Nämlich das Essen des Katzenfreunds. Und nichts ist erregender, als zwischen allen Katzenfreunden am Tisch zu sitzen und mit gelben, verlangenden Augen die Gabel zu verfolgen, die sich zwischen Teller und Katzenfreund-Mund hin- und herbewegt. Bis es schließlich der Katzenfreund nicht mehr länger aushält und einen Extrateller besorgt.

Dies wird natürlich sofort als eine Unart dargestellt, die nur dazu führt, dem armen und unverständigen Tier völlig unverträgliche Speisen zu verabreichen und es an den menschlichen Mittagstisch zu gewöhnen, wo es doch bei Gott und allen hygienischen Grundsätzen nicht hingehört.

Der Katzenfreund indes, der sich mithin den Vorwurf der bequemen Nachgiebigkeit und der total falsch verstandenen Tierliebe gefallen lassen muß, und der außerdem daran schuld ist, daß nun ein mit Soße umgebenes Stück Fleisch auf den Teppichboden gekommen ist und dort einen Fleck von der Größe des Frankfurter Flughafens verursacht hat, läßt sich davon nicht irritieren. Er fühlt, daß er recht gehandelt hat. Denn wer weiß – vielleicht ist doch was dran an der Theorie von der Seelenwanderung? Und dann wird auch er, wenn er in seiner nächsten Inkarnation vielleicht als Katze zur Welt kommt, dankbar sein für einen Freund, der sich durchzusetzen weiß, und der ihm ein Stück Rinderbraten mit Kartoffeln und Soße zukommen läßt, statt ihn mit Dosenfutter aus dem Drogerie-Markt – Sonderangebot 2 Mark 39 – abzuspeisen.

Bis zur letzten Etage

Da Katzen nahezu völlig nutzlose Tiere sind und noch nicht einmal zum Thema Mäusefang Überzeugendes beizutragen wissen, hat der Katzenfreund also fast überhaupt keine materiellen Vorteile. Ganz im Gegensatz zum Hundefreund, der sich mit Recht auch als Hundebesitzer bezeichnen darf, während Katzen mit dem Wort Katzenbesitzer nichts anzufangen wissen.

Der Hund nämlich ist viel mehr auf den Hundefreund fixiert und auch bemüht, diesem jeden Wunsch von den Augen und Lippen abzulesen, als dies die Katze jemals sein wird, der die Wünsche ihres Herren, den sie als solchen auch niemals ansehen wird, ziemlich gleichgültig sind. Vielmehr gehen Katzen und Katzenfreund über weite Teile des Tages völlig unabhängig voneinander ihren jeweiligen Beschäftigungen nach, was aber nicht heißen soll, daß sie sich gleichgültig wären.

Kommt der Katzenfreund abends nach Hause, so kann es sein, daß Freund Katze ihm entgegengeht und dann gemeinsam mit ihm zum Haus zurückkehrt. Dabei ist der Schwanz steil erhoben, die Augen suchen den Blickkontakt mit dem Freund, und eine Vielzahl differenzierter Mauz-Laute berichten über das Interessante vom Tage.

Emotionale Begrüßung

Nun sollte aber niemand den Fehler begehen, die Katze gerührt auf den Arm zu nehmen und „süß!“ zu rufen. Denn niemand, der gerade etwas Wichtiges mitzuteilen hat, möchte auf den Arm genommen und süß genannt werden. Vielmehr, holt man die emotionale Komponente der Begrüßung im Haus nach, indem man die Katze auf der Treppe vorangehen läßt, so daß der Größenunterschied zwischen den Freunden durch die Treppenstufen ausgeglichen wird. Nun wird sich die Katze herumdrehen, stehenbleiben und darauf warten, daß man sich etwas bückt und seinen Kopf gegen den ihren stupst. Dies gilt als freundschaftlich-vertrauliche Begrüßung, die von der Katze dergestalt fortgesetzt wird, daß sie sich wieder umwendet und einem die Rückfront darbietet. Das ist die Katze von den anderen Katzen, denen sie ausnahmsweise gewogen ist, so gewöhnt: Erst beschnuppert man sich an den Nasen, dann am Hinterteil.

Der menschliche Katzenfreund wird dies natürlich nicht tun, aber er registriert es, indem er mit den Worten: „Na, wie war's denn heute?" seine Hand vom Kopf bis zur Schwanzspitze streifen läßt und dann vielleicht noch mal kurz unterm Bauch krault. Danach betreten beide die Wohnung, wo ihn die Katze als erstes zu ihrem leeren Napf führt, worauf der Katzenfreund Dose und Dosenöffner ergreift und den Freund versorgt.

Symbolische Portionen

Aus dem Zimmer wird nun die Stimme der Katzenfreundin erklingen, die ihn mit den Worten: „Die hat schon gekriegt!" vom eben-

so verantwortungslosen wie teuren Überfüttern zurückhalten will. Doch es gehört sich, daß man zumindest eine symbolische Portion austeilt, wenngleich alle einschlägigen Bücher davor dringend abraten und eisernes Festhalten bestimmter Zeiten empfehlen.
Doch da sich der Katzenfreund ebenfalls nicht an solche Ratschläge hält, wäre es unfair, sie ausgerechnet bei Abhängigen derart strikt zu befolgen.

Trotzdem ruft er durch den Flur: „Ah, gut, daß du's sagst, dann kriegt sie jetzt natürlich nichts mehr!" und tut noch einen extra Klacks drauf. Damit ist der freundschaftliche Kontakt zunächst beendet.

Der Katzenfreund begibt sich nun ins Zimmer, begrüßt die Katzenfreundin, indem er „Scheißtag heute wieder!" sagt, öffnet eine Bierflasche und breitet seine Zeitung aus.

Jetzt betritt auch die Katze das Zimmer und leckt sich noch verräterisch den Bart, was die Katzenfreundin zu der Bemerkung veranlaßt: „Du hast ihr doch hoffentlich nicht noch was gegeben!", worauf er gekränkt antwortet: „Ich? Aber keine Spur. Wahrscheinlich war da noch ein bißchen was im Teller."

Der Katzenfreund hat also jetzt die Zeitung vor sich ausgebreitet und vertieft sich in einen interessanten Artikel, z. B. über die politischen Aspekte des Gegenwarttheaters. Doch kommt er nicht über die ersten Zeilen hinaus, weil sich die Katze bereits anschickt, die Zeitung – und zwar speziell diesen Artikel – als Basis für eine entspannte Ruhestellung zu benutzen.

In der Tat ist es ein noch völlig ungelöstes Rätsel, warum Katzen sich immer genau dahin legen müssen, wo man sie am wenigsten brauchen kann. Sie legen sich entspannt auf die Zeitung oder auf das aufgeschlagene Buch, in dem man gerade liest, oder auch auf den Stapel weißen Papieres, von dem man gerade ein Blatt nehmen möchte.

Mit regennassen, schmutzigen Pfoten gehen sie unschuldigen Blickes über sauber getippte Briefe, frisch gebügelte weiße Hemden sowie über die Krawatte, die man leichtfertigerweise auf den Stuhl gelegt hat.

Sie quetschen sich auf das kleine Kissen, gerade als man das erschöpfte Haupt darauf betten möchte, und sie sitzen exakt auf dem Manuskriptblatt, das man abschreiben muß.

Niemals werden sie in all diesen Fällen die vielen einladenden, bequemen Sitz- und Liegegelegenheiten nutzen, die frei sind und vielleicht sogar extra für sie aufgebaut wurden, und sie nehmen sogar eindeutige Unbequemlichkeiten in Kauf, wenn sie sich nur da hinkringeln können, wo sie auf jeden Fall im Weg sind.

Nun wäre das nicht so schlimm, wenn man sie von dort einfach wegnehmen und anderswo deponieren könnte. Doch wird sich kein Katzenfreund unterstehen, etwas derart Gefühlsrohes ein zweites Mal zu tun. Denn Katzen sind von mimosenhafter Empfindlichkeit und gehen daraufhin, ohne den Katzenfreund auch nur noch eines Blickes zu würdigen, aus dem Zimmer.

Was sie dabei denken, kann man nur erraten. Wahrscheinlich: Nun schön, wenn dir das blöde Buch wichtiger ist als ich, dann bitte sehr. Möglicherweise bin ich sowieso hier unerwünscht! Da will man sich mal hinlegen, sucht sich auch noch etwas so Hartes wie ein Buch heraus, und noch nicht einmal das ist gestattet. Aber ich kann ja gehen.

Kapriziös und zickig

Allerdings sind es vor allem die Katzen (also die weibliche Form dieser Tiergattung), die so gekränkt reagieren. Von kapriziös bis zikkig beherrschen sie die ganze Bandbreite teils bestrickender, teils absolut nervtötender Verhaltensweisen, die man mitunter auch bei der weiblichen Version der Katzenfreunde antreffen kann.

Kater hingegen, die in dem Urzustand, wo sie diesen Namen noch wirklich verdienen, wild und ungebärdig sein können, werden nach dem Eingriff zutraulich wie Ehemänner und sind so gut wie launenlos. Sie kratzen, fauchen und beißen selten, lassen sich kraulen und auch von einem Platz auf den anderen tragen, während Katzen durchaus in der Lage sind, umweglos die Wohnung zu verlassen, wenn sie den Eindruck haben, nicht in der von ihnen gewünschten Form akzeptiert zu werden.

An den Rand des Wahnsinns

Daß Katzen (und zwar beide Geschlechter) auf ihren Namen, vor allem mit dem Zusatz: „Jetzt komm doch bitte endlich!", nicht reagieren, kann den Katzenfreund mitunter an den Rand des Wahnsinns treiben. Vor allem in folgenden beiden Situationen: Einmal, wenn man sieht, daß die Katze dabei ist, in die Blumen auf der Terrasse des Nachbarn ihr Geschäft zu verrichten, während die Nachbarsfrau just in diesem Augenblick vom Einkauf zurückkommt und die Gartentür aufschließt. Zum anderen, wenn er die Wohnung verläßt, um sich auf einen längeren Stadtbummel zu begeben, und die Katze ihm bis ins Treppenhaus folgt, sich dann aber weigert, wieder in die Wohnung zurückzugehen, sondern im Gegenteil ein paar Stufen in Richtung der oberen Stockwerke nimmt. Da oben aber stehen die ebenso aus- wie einladenden Topfpflanzen von Frau Leisewitz, und diese Pflanzen verführen zu allerlei Unsinn, wobei der Versuch, sie anzufressen, noch nicht das schlimmste ist. Freundliches Zureden, verbunden mit der herzlichen Bitte, doch herunterzukommen und verflucht noch mal in die Wohnung zu gehen, nutzt selbstverständlich nichts. Vielmehr steht die Katze jetzt deutlich ein paar Stufen höher und betrachtet neugierig das erhitzte und ärgerliche Gesicht des Katzenfreundes.

Jüngere Katzen, wie der bereits mehrfach erwähnte Hannibal, fassen den ganzen Vorgang als die Einleitung zu einem interessanten Nachlaufspiel auf und rasen sofort die Treppen empor, wenn der Katzenfreund sich mit flehend ausgestreckten Armen nähert. Schwer atmend setzt nun der Katzenfreund sein Übergewicht in Bewegung und folgt dem lieben Tier unter fortwährendem Ablassen freundlichen Zuspruchs, der nicht einfach über die Lippen will, sondern sich gegen aufkommende Wut durchsetzen muß, bis zur letzten Etage. Und auch dort greift er nicht unkontrolliert nach dem nun abwartend in der äußersten Ecke sitzenden Tier, sondern bleibt in einem gewissen Abstand davor stehen, um zu zeigen, daß er keine bösen Absichten hegt. Hat er Glück und stellt er sich nicht ungeschickt an, so kann er jetzt mit einer einzigen entschlossenen Bewegung den Ausreißer packen und hochnehmen. Immer noch begütigend auf das Tier einredend, das nun heftige Versuche macht, sich wieder aus dem Griff zu befreien, geht er zur Wohnungstür, schließt mit einer Hand auf und wirft die süße Last sanft, aber bestimmt und – vor allem – so weit wie möglich ins Innere. Dann zieht er die Tür blitzschnell zu und dreht zweimal den Schlüssel um.

Dies gefällt Katzen gar nicht, denn sie hassen geschlossene Türen. Am liebsten haben sie's, wenn alle Türen und Fenster offen stehen, so daß sie beliebig raus- und reinkönnen. Und am allermeisten schätzen sie es, wenn sie drinnen und draußen zur gleichen Zeit sein können – das hintere Teil befindet sich noch im Zimmer, während das vordere bereits auf der Terrasse steht und überlegt, was man jetzt tun könnte. Keinesfalls mögen sie es, daß man sie mit sanftem Nachdruck hinausschiebt, und sie mögen das schon überhaupt nicht, wenn es regnet oder schneit.

In diesem Fall hält sich ihr Bedürfnis hinauszugehen die Waage mit ihrem Abscheu vor schlechtem Wetter. Also werden sie nach einiger Zeit den Kopf zurückziehen, um es an einer anderen Wohnungsöffnung erneut zu probieren. Katzen nämlich sind entweder so dumm oder so optimistisch zu glauben, hinter irgendeinem Ausgang werde strahlendes Sommerwetter auf sie warten. Daß sie statt dessen überall nur auf Regen und Schneematsch treffen, will nicht in den Katzenkopf, und sie betrachten es als einen Affront, an dem nur der Katzenfreund schuld sein kann, der es anscheinend nicht schafft, für besseres Wetter zu sorgen. Mißvergnügt absolvieren sie nun eine Kontrollrunde ums Haus, nur um gleich darauf wieder vor der Glastür zu stehen und mit den schlammigen Pfoten gegen die frischgeputzten Scheiben zu trommeln.

Ungeduldiger Hausfreund

Das sind Augenblicke, in denen sie dem Katzenfreund heftig auf die Nerven gehen. Denn kaum hat dieser sich aufs Sofa gelegt, um die sonntägliche Ruhe zu genießen, darf er bereits wieder aufstehen, um dem ungeduldigen Hausfreund, der nicht weiß, was er will, die Tür zu öffnen. Ist man nun Inhaber mehrerer Katzen, multipliziert sich dieser Vorgang entsprechend.

Dennoch nimmt der Katzenfreund dies alles ohne ernsthaftes Murren hin, denn er weiß natürlich auch, was er an seinen Katzentieren hat. Es ist zwar noch nicht ganz geklärt, ob es diese gewisse Atmosphäre musisch durchwachsener Entspanntheit ist, die Katzen zum Bleiben veranlaßt, oder ob umgekehrt die Katzen es sind, die in ihrem Haus dieses geistige Klima erzeugen – jedenfalls haben Katzen eine ähnliche Wirkung aufs Gemüt wie ihr Fell auf den schmerzenden Ischiasnerv. Sie hassen alles Laute, wenn es aus der Bosheit und der Streitsucht kommt, während sie fröhlichen Lärm gelassen hinnehmen. Und wenn der Katzenfreund mit seiner Katzenfreundin die ernsthaften Auseinandersetzungen zur Regel macht und der Scheidungsrichter bereits an die Tür klopft, kann es sein, daß er seine Katzen eher los ist als die ungeliebte Partnerin.

Dröhnenden Rock oder Techno-Sound sollte man – wenn man es sich schon selbst nicht ersparen möchte – wenigstens seiner Katze nicht zumuten. Ihr kann man viel eher mit einer Mozart-Serenade Freude machen, während sie bei den dissonanten Klängen unserer Zeit irritiert und ärgerlich im Schlaf mit den Ohren zu zucken beginnt. Denn da sie außerstande ist, Kritiken zu lesen, und mithin also auch nicht weiß, daß es sich dabei um eine tiefe und differenzierte musikalische Aussage über unsere Zeit handelt, nimmt sie es ganz profan als Lärm. Lärm ist jedoch etwas, womit man dieses Tier, das angeblich sieben Leben hat, ganz schnell verrückt machen, zumindest aber vertreiben kann. Dies sollte uns zu denken geben. Jedenfalls ein Tier, das Lärm nicht verträgt, das kann nicht ganz schlecht sein. Alle Katzenfeinde sollten das in Zukunft bei ihrer Meinung berücksichtigen.

Sind alle Katzen grau?

Unter den Voraussetzungen, die nötig sind, damit man sich überhaupt als praktizierender Katzenfreund niederlassen kann, haben wir auch „nette Nachbarn“ genannt. Dies ist eine etwas zu pauschale Bezeichnung, auf die hier noch mal zurückgekommen werden soll.

Nette Nachbarn, das sind in aller Regel Nachbarn, die sich lediglich noch nicht als unnett erwiesen haben. Man grüßt sich, und jeder nimmt für den anderen das Postpaket entgegen, wenn der Empfänger mal nicht zu Hause sein sollte. Keiner gibt dem anderen Anlaß zur Erregung. Das versteht man unter netten Nachbarn.

Das Auftauchen von Katzen kann dieses Verhältnis eintrüben. Denn Katzen sind unter Nicht-Katzenfreunden wesentlich unbeliebter als Hunde unter Nicht-Hundefreunden. Das mag aber auch daran liegen, daß es keinerlei Konsequenzen hat, sich als Nicht-Katzenfreund zu erkennen zu geben. Jeder darf seine Abneigung gegen Katzen offen eingestehen, ohne in den Verdacht mangelnder Tierliebe zu geraten, was ja so ziemlich der schlimmste Makel ist, von dem man betroffen sein kann.

Vorsicht bei Hunden!

Bei Hunden sollte man mit dergleichen Geständnissen vorsichtiger sein. Denn wenn man bekennt, daß man sich grundsätzlich aus Hunden nichts macht, räuspert sich die Gruppe, und ängstliche Mütter halten ihre fünfjährigen Töchter fest. Mit diesem Menschen muß etwas nicht ganz in Ordnung sein, liegt vielleicht sogar Abartigkeit vor? Wo doch Hunde diesen Blick ... Kurz, es ist besser, man sieht sich vor. Und man kann sich gut ausmalen, wie es erst mit der öffentlichen Meinung um Katzen bestellt wäre, würden diese den

Briefträger bedrohen, nachts stundenlang den Mond anbellen und ihren Darminhalt freizügig über die Gehsteige verstreuen! Nur der Tatsache, daß sie sich so geräuschlos und unauffällig über diese Erde bewegen, verdanken sie es, daß es sie überhaupt noch gibt.

Leider, dies sei freiwillig eingeräumt, sind sie nicht immer ganz geräuschlos und auch nicht immer ganz unauffällig. Wenn sie einen fremden Artgenossen in ihrem Revier ausmachen, so können sie sich mit ihm haßerfüllt hauen, und sie begleiten diesen Kampf mit einem Geschrei, das einen schon aus dem Bett werfen kann, wenn es in unmittelbarer Nähe des offenen Schlafzimmerfensters ertönt. Daß dieser Kampf meistens schnell vorüber ist, weil einer der beiden das Weite sucht, ändert nichts daran. Auch kann man selbst zur Beendigung einiges beitragen. Ein Eimer Wasser schafft in diesem Fall sofort und für lange Zeit Ruhe. Einen bellenden Hund würde man hingegen dadurch nur noch mehr anstacheln.

Eine halbverdaute Maus

Außerdem kann es mal passieren, daß Katzen, die ja als sauber gelten und auch ihre

Verdauung im Gartensand oder im heimischen Katzenklo verscharren, ihren Mageninhalt wieder hervorwürgen. Und eine halbverdaute Maus, gemischt mit Brekkies, auf dem Fußweg oder zwischen zartem Rasengrün, das ist ganz gewiß kein schönes Bild. Zwar kommt es selten vor, aber wenn, dann ist das kein Anblick, den man gern in Erinnerung behält. Jedenfalls nicht, wenn man kein Katzenfreund ist und wenn der Verursacher dieser Unappetitlichkeit nicht zum eigenen Katzenhaushalt gehört. Und selbst da sagt man gern: „Muckl hat übrigens wieder vor die Haustür gekotzt, machst du's bitte mal weg, wenn du nachher runtergehst?" Keiner wagt es, dieses Ansinnen zurückzuweisen, weil er sonst sofort zur Antwort erhält: „Mein Gott, stell dich doch nicht so an. Das nimmt man auf die Schaufel und schmeißt es in den Mülleimer. Wenn ich vorhin etwas zur Hand gehabt hätte, dann würde ich dich jetzt gar nicht lang drum bitten, dann wäre das schon längst erledigt."

Auf diese Weise ist man das leidige Problem los, indem man es einen anderen beseitigen läßt. Aber auch eine Maus, die nur totgebissen wurde oder vor Schreck einen Herzschlag erlitten hat, kann einen Anblick darstellen, der älteren Damen einen Schrei abzwingt. Dies gilt auch dann, wenn die Maus zur Hälfte aufgegessen wurde, so daß nur noch ihr Hinterleib auf dem Fußabtreter liegt.

Zugegeben, das ist alles nicht unbedingt hübsch und fällt auch nicht unter die Rubrik „Was ich heute wieder Schönes gesehen habe“, aber wer einmal in die gute Verdauung eines ausgewachsenen Schäferhundes getreten ist, weil er nicht immerzu vor sich auf die Straße, sondern ängstlich auf den Schäferhund geblickt hat, der wird sicher einräumen, daß es Schlimmeres gibt.

Aber da ist natürlich noch etwas, das Wichtigste schlechthin, was man Katzen ankreidet und was niemals ein Hund, sei er noch so bissig , der Welt antun wird: Da ist die Sache mit den Vögeln!

Es stimmt, Katzen fangen Vögel und fressen sie sogar. Und dazu darf gesagt werden: Keinen katzenlosen Nachbarn schmerzt der Anblick eines hingemordeten Vogels so tief wie den Katzenfreund. Der Katzenfreund mag vielleicht die Katze verfluchen, wenn sie ihm Mäuse ins Haus bringt, ihren Mageninhalt auf dem Teppich auswürgt, Fäden an der neuen Couchgarnitur zieht, die seltenen Knospen an der ebenso seltenen Zimmerlindia ablegeris abfrißt, unversehens neben ihm auftaucht, während er sich noch ein paar schmackhafte Bissen aus dem Kühlschrank holt, um sie dann im Bett bei interessanter Lektüre zu verspeisen, wobei ihm die dritte Hand zum Abwehren fehlt, oder wenn sie Ewigkeiten braucht, um neben ihm die richtige Schlafposition zu finden. Und er haßt sie erst recht, wenn sie in der nächtlichen Stille der Wohnung eine Maus verspeist, und die feinen Knochen so zerkrachen, daß einem Mark und Bein gefriert – das alles läßt sich gegen sie einwenden. Doch bei keiner anderen Gelegenheit ist sie ihm so zuwider als dann, wenn sie ihm einen Vogel bringt.

Rettung in letzter Sekunde

Häufig ist in diesem Falle sogar noch Rettung möglich. Denn nicht immer ist der Vogel tot oder verletzt, oft tut er nur so und hat sich in einen schützenden Schock geflüchtet. Wenn es einem gelingt, die Katze zu einem wider-

standslosen Herausrücken ihrer Beute zu bewegen, und wenn man das todesstarre Opfer in der Hand sowie mit dem Atem wieder ins Leben zurückerwärmt und den Vogel dann von einem erhöhten Ort aus kraftvoll in die Luft schleudert, so daß er davonfliegen kann, hat man in letzter Sekunde die Untat verhütet.

Nicht immer aber gelingt dies, und dann kann jeder mit berechtigtem Abscheu sagen: dieses widerliche Katzenvolk!

Erstaunlicherweise sagen das auch Leute, die sich eben noch heftig darüber beklagt haben, daß ihnen die Amseln wieder mal den ganzen Garten verwüstet hätten, und sich überlegt haben, was man dagegen tun könnte.

Trotzdem halten sich diese Vorfälle in überschaubaren Grenzen, und auf keinen Fall trifft der Vorwurf des italienischen EG-Abgeordneten zu, der sich kürzlich darüber beschwert hat, daß „auf Grund der Dezimierung des Bestandes an Singvögeln durch die Katzen jenseits der Alpen dem italienischen Volk kaum noch etwas zum Abschießen bleibt und die italienische Jagdflintenbranche in ernsthafte Schwierigkeiten kommt“.

So schlimm kann es nicht sein. Vor allem deshalb nicht, weil vorwiegend nur diejenigen Katzen Vögel fangen, die nicht den Bauch mit Whiskas oder ähnlichem gefüllt haben, sondern hungrig, weil heimatlos und ohne Bleibe, umherstreifen. Und die zweitens keine Mäuse finden, die sich – weil des Wegfliegens unfähig – leichter fangen lassen. Und die drittens noch jung genug sind, um es an Schnelligkeit mit ihrer geflügelten Beute aufzunehmen. Erwachsene Katzen oder gar alte gucken sich Vögel zwar an, wenn diese in ihrer Nähe unbekümmert herumhüpfen, aber sie machen kaum Anstalten, ihre Reflexe an ihnen zu testen.

Keine Gnade vor Gericht

Nachteilig für den Katzenfreund wirkt es sich aber auf jeden Fall aus, daß für viele Nachbarn nicht nur nachts alle Katzen grau sind, sondern immerzu, und so war das natürlich „wieder Ihre Katze, die einen Vogel zerrissen hat, überall lagen die Federn herum!". Denn Leute, die darauf bestehen, einen Spitz von einem Dackel unterscheiden zu können, buchen dem Katzenfreund jedes Tier der Gat-

tung Felis domestica aufs Schuldkonto – auch wenn dieses mal getigert, mal gestromt, mal gefleckt und mal uni ist. (Von der Fähigkeit, Tapserle von Bukowski zu unterscheiden, natürlich ganz zu schweigen.)

So bleibt also dem Katzenfreund nichts anderes übrig, als sich grundsätzlich von der angenehmsten Seite zu zeigen, zu hoffen, daß er viele ausgelegte Postpakete abends übergeben kann, und, wo immer es geht, zu behaupten, er habe nur eine ganz alte Katze, die schon lange bettlägerig sei, ansonsten aber habe er für Katzen nicht viel übrig und füttere sie nur, damit sie nicht in die Zwangslage kommen, Vögel zu fangen.

Sicher, das alles ist keine Garantie dafür, daß Nachbarn nicht vielleicht doch vor Gericht gehen, und es gibt ja, wie man weiß, immer wieder einen deutschen Richter, der daraufhin den Täter zu lebenslänglicher Zimmerhaft verurteilt.

Den Katzenfreund macht ein solches Urteil zwar unglücklich, aber auch ein bißchen stolz. Beweist es doch, daß man seinem Taschenbuch-Tiger schärfer auf die Finger sieht als einem Mitglied der Hell's Angels, denn dieses kann einem Rentner die Fahrradkette über den Scheitel ziehen, kriegt Bewährung und darf weiterhin frei rumlaufen.

FINIS

Warten auf Micki

Wie sich selbst und anderen lieben Menschen, so wünscht der Katzenfreund auch seiner Katze einen sanften und leichten Tod, der sie im hohen Alter, das sie hoffentlich unverändert rüstig erlebt, im Schlaf plötzlich überrascht: Während sie von den aufregenden Mäusejagden ihrer früheren Jahre träumt, streift sie der schwarze Flügel des Todesengels, oder aber ein Katerskelett mit Sense tippt sie freundlich an die Schulter und sagt: „Komm, Oide, 's is fei Zeit!"

Nicht allen Katzen ist jedoch diese angenehme Art des Wechselns zwischen den Welten vergönnt. Viele geraten in Fallen, die nette Menschen, welche sich vor irgend etwas schützen wollen, aufgestellt haben. Andere werden Opfer beißfreudiger Hunde, die Herrchen mit den aufmunternden Worten: „Jag's Kätzchen, Hasso!" auf Raubzug schickt. Wieder andere werden eingefangen und in Laboratorien verwendet, wo sie einem gnädigen Tod entgegengefoltert werden – nur damit hübsche Frauen ohne Allergiegefahr aus nachtdunkel geschminkten Augen einen geheimnisvoll-verführerischen Blick abschießen können, den sie in den meisten Fällen sowieso nicht einzulösen bereit sind. Und zahlreiche geraten unter ein Auto, so daß sie hinterher entweder nicht mehr aufstehen oder eingeschläfert werden müssen.

Viele Katzen aber verschwinden einfach und werden nie wieder gesehen, Ehemännern ähnlich, die vorgeblich nur mal Zigaretten holen gehen.

Verschwinden ohne Abschied

Sie machen keine Andeutungen, sie verabschieden sich nicht, sie sind auch vorher in keiner Weise anders als sonst immer (die Katzen) – sie gehen einfach los, mittags, abends, nachts (ja, oft weiß man gar nicht mal, wann sie eigentlich losgegangen sind) und kommen niemals wieder.

Vielleicht melden sie sich deshalb nicht ab, weil sie selbst noch nicht genau wissen, daß sie verschwinden werden. Oder aber, um nicht überredet oder mit Gewalt zurückgehalten zu werden. Denn es gibt ja Katzenfreunde, bei denen es Katzen nicht oder nicht mehr gefällt (wir erwähnten es schon). So suchen sie ihr Heil in der Fremde, tauchen in einer anderen Straße, in einer anderen Gegend auf, wo sie schnell unter allen Bewohnern den Katzenfreund ausmachen. Eines Tages sitzen sie vor dessen Tür, werden freudig aufgenommen, erhalten die Reste des Mittagessens, und so kommt eine neue Freundschaft zustande, die dann oftmals bis ans Ende der Katze oder des Katzenfreundes hält.

Sehr oft aber kommen die Katzen, die verschwunden sind und zunächst nicht wiederkommen, doch noch zurück. Weil sie nämlich gar nicht verschwinden wollten, sondern sich nur verlaufen haben. Denn entgegen allen Zeichnungen in Katzenbüchern, auf denen man sehen kann, wie die Katze mit den

Ohren sieht, mit den Augen hört, mit dem Schnurrbart denkt und mit dem Schwanz den Kompaß ersetzt, indem sie ihn mittags um zwölf direkt auf den Polarstern richtet, schaffen es Katzen dennoch, sich hemmungslos zu verirren, um dann mitunter Wochen zu benötigen, bis sie wieder heimfinden.

Späte Entdeckung

Meist dauert es zunächst mal Tage, bis der Katzenfreund merkt, daß der Freund weg ist. So nach drei, vier Tagen sagt er plötzlich: „Hör mal, wo ist Micki eigentlich? Die hab ich schon seit Tagen nicht mehr gesehen!"

„Tatsächlich, am Sonntag war sie zum letztenmal da. Aber nur mal keine Angst, die ist ja nicht zum erstenmal ein paar Tage weg. Wahrscheinlich kommt sie schon heute nacht wieder zurück."

Nun, sie kommt nicht heute nacht, und in den nächsten Nächten wird sie ebenfalls nicht gesichtet. Der Katzenfreund beginnt nun, sich ernsthafte Sorgen zu machen, und von der Arbeit des Tages lenkt ihn immer mehr die Vorstellung ab, was mit seinem Liebling passiert sein könnte oder was vielleicht gerade in diesem Augenblick mit ihm passiert. Scheußlichkeiten aller Art malt er sich aus, und mit jedem Tag wird seine Hoffnung geringer, Micki werde ihn heute beim Nachhausekommen begrüßen, wie sie es früher immer getan hat.

Schwermut legt sich über seine Seele, und auch die gewaltsam verordnete Weltanschauungsmedizin, alles auf der Welt habe ja ein Ende, und gerade wenn es am schönsten sei, solle man aufhören, wirkt nur kurzfristig. Heftige Vorwürfe macht er sich, daß er ihr noch kurz vor ihrem Verschwinden den Nachschlag auf dem Teller verweigert hat. War es nötig, so hart zu bleiben? Darf man Prinzipien so erbarmungslos durchboxen, ohne Rücksicht darauf, was das Leben schon vielleicht morgen mit uns vorhat? Kann der Mensch es sich leisten, nur aufs lächerliche Detail des Augenblicks zu sehen und das große Ganze zu vergessen? Nie wieder, das schwört er sich, wird er sich so dumm verhalten.

Vielleicht hat Micki es auch einfach nicht mehr bei ihm ertragen können, ist weggelaufen, zu einem, der ein wertvollerer Katzenfreund ist. Ach, das wäre ja von allem Schlimmen noch das Beste. Viel besser jedenfalls, als wenn ..., aber das will er sich lieber erst gar nicht ausdenken.

So gehen die Tage dahin. Allmählich legt sich der Schmerz der ersten Zeit und macht einer feinen und stillen Trauer Platz. Das Leben muß weitergehen. Gut, man hat also auch mal eine Katze gehabt, vielleicht wird man eines Tages wieder eine haben, wenn es der Zufall will. Man kann mitreden und hat auch Schweres tapfer durchgestanden. („Ach ja, unsere Micki. Die ist einfach mal nicht wiedergekommen, das ist jetzt auch schon drei Jahre her.“)

Wehmut im Herzen

Er liest die Anzeigen, ob nicht vielleicht eine „schwarzweiße Katze mit frechem Fleck direkt neben der Nase“ irgendwo zugelaufen ist, und trägt sich auch selbst mit der Absicht, eine Anzeige aufzugeben. Aber er glaubt nicht an einen Erfolg solcher Suche.

Katzen, so meint er zu wissen, finden immer wieder heim. Und wenn Micki nicht findet, dann nur deshalb, weil sie nicht mehr finden kann. Wehmütig schaut er dem Nach-

barn hinterher, der unschuldig seinen komischen Basset spazierenführt. Ihm wird dergleichen jedenfalls erspart bleiben. Hunde, so langsame vor allem, sind ungefährdet. Die denken nicht daran wegzurennen, sondern die bleiben zu Hause oder gehen zumindest nicht alleine weg.

Beim Katzenfreund selbst ist es zu Hause um einiges leerer geworden. Keine Micki springt ihm mehr auf den Schoß, wenn er versonnen in den Fernseher schaut, niemand kratzt mehr an der Tür und dreht sich unbeteiligt um, wenn er öffnet. Niemand klaut ihm mehr die Mortadella vom Brötchen oder die Sahne von der Erdbeertorte, und die noch ungeöffneten übriggebliebenen Kitekat-Dosen wirken wie Monumente vergangenen Glücks.

Bis dann eines Tages, genauer eines Nachts – es sind inzwischen schon fünf, sechs Wochen vergangen – die Katzenfreundin den gerade eingeschlafenen Katzenfreund anstößt und ihm zuflüstert: „Hörst du das? Was ist das denn nur, da ist schon seit ein paar Minuten so ein piepsendes Geräusch. Das wird doch nicht ..."

Mit einem Schlag hellwach stürzen beide ans Fenster. Und tatsächlich, da unten, anscheinend zu schwach, um dieses letzte Hindernis, das Fenster nämlich, in eleganter Manier zu überwinden, sitzt etwas Schwarz-Weißes.

„Micki!" schreien beide, ohne jede Rücksicht auf die nächtliche Stunde, Lichter flammen auf in der ganzen Wohnung, die Heimgekehrte wird emporgehoben, einer reißt sie dem anderen aus dem Arm, Freudentränen fließen, Dosen werden geöffnet, ein Milch-Wasser-Mixgetränk wird zubereitet, und während ringsum die Welt in tiefem Schlaf liegt, findet ein Fest statt, gegen das Weihnachten und Neujahr zusammengelegt auf einen Tag wie Totensonntag wirkt.

Längst liegt Micki schon eingerollt und schlafend in ihrem Korb, da sitzen Katzenfreund und Katzenfreundin noch lange bei einer spontan entkorkten Flasche Henkell trocken in der Küche und finden kein Ende.

„Wer hätte das gedacht, nach so langer Zeit. Wo die nur überall gewesen ist."

„Das wird sie uns morgen ganz bestimmt erzählen. Aber ich habe immer gewußt, daß sie wiederkommt. Katzen verlaufen sich nicht auf Dauer. Die finden immer wieder heim."

Drum, liebe Katzenfreunde, seid nicht verzweifelt, habt Geduld und wartet. Micki kommt wieder.